Scandinavian Indigenous People Sami,
society, culture, religion

스칸디나비아
원주민 사미의
사회·문화·종교

스칸디나비아
원주민 사미의
사회·문화·종교

초판인쇄 2017년 12월 11일
초판발행 2017년 12월 11일

지은이 이희숙
펴낸이 채종준
기 획 조가연
디자인 홍은표
마케팅 송대호

펴낸곳 한국학술정보(주)
주소 경기도 파주시 회동길 230(문발동)
전화 031 908 3181(대표)
팩스 031 908 3189
홈페이지 http://ebook.kstudy.com
E-mail 출판사업부 publish@kstudy.com
등록 제일산－115호(2000. 6. 19)

ISBN 978-89-268-8174-3 03920

Scandinavian Indigenous People Sami:
society, culture, religion

스칸디나비아 원주민 사미의 사회·문화·종교

이희숙 지음
Hee Sook Lee

이담 Books

들어가며

1975년 9월 노르웨이 국립 예술디자인 대학에서의 첫날이었다. 스칸디나비아에 동양 첫 유학생으로 나타난 나에게 옆의 한 사미 학생은 사미어로 무엇인가 속삭였다. 그러나 그 말을 듣고 어리둥절하며 대답하지 못하는 나의 모습에 그가 오히려 얼떨떨해했다. 비슷한 외양의 나를 만나 말을 붙이며 살가운 반응을 기대했는데, 대답도 반가운 기색도 없는 나의 태도에 실망감과 함께 그의 질문에 거절한 것에 모욕을 느낀 것이다. 잠시 후 그는 내가 사미가 아니고 먼 동양, 한국에서 온 사실을 알았지만.

그 후 사미 학생과 교류하면서 당시 한국을 모르는 스칸디나비아인들이 댄스장의 입장권 할인 혜택을 주는 즐거운 착각도 당해 봤고, 한편 사미의 전통 모티프인지 알지 못하고 스케치한 것이 민속박물관의 사미 컬렉션에 전시되어 이곳을 방문하신 어머니와도 그 영광을 나눌 수 있었다.

필자는 한국 언론의 기사와 개인 연구차 노르웨이 카라속의 숲을 배회했지만, 사미를 이해하게 된 결정적인 순간은 스웨덴 키루나의 국제회의에서 한국과 사미 샤머니즘의 유사성을 깨닫게 된 때부터였다. 특히 샤먼이 사용하는 드럼은 우주 조화와 개인의 평안을 추구하는 사미의 정체성이며, 그의 광란 동안 초우주세계의 경험으로 만든 로크 아트는 이것을 재강조한다는 점을 알게 되었다.

지식을 찾으러 여전히 방황하는 필자에게 인내심을 주신 하나님, 부모님, 가족에게 감사드리며, 이 책이 사미의 아이덴티티, 유형과 무형 전통문화와 현재 세계 곳곳에서 일어나는 분쟁에 응용되어 소수민족을 더 이해하는 기회가 되길 희망한다. 더 나아가 샤머니즘, 드럼과 로크 아트의 기호학, 상징주의 연구를 위한 좋은 지침서가 되기를 바란다.

2017년 9월 헬싱키에서

이희숙

드럼을 가진 샤먼(Leem, 1767)

스칸디나비아
원주민 사미의
사회·문화·종교

ONE

역사

사미의 기원

공식적으로 어휘 '사미(Sami)'는 언어와 주관적 기준의 배합을 바탕으로 정의되며, 노르웨이, 스웨덴, 핀란드, 러시아에 거주하는 소수민족을 구성하는 토착민이다. 자체적인 영토, 인구, 언어를 가지며, 거주 지역 사프미(Sápmi, Sami Land)는 스웨덴 남쪽 달라르나의 이드레에서 북노르웨이 북극해와 러시아 콜라반도까지 영토 15만 7,487km²에 이른다. 사미는 내륙 빙하의 퇴각으로 해안선을 따라 거주하며, 인구는 현재 약 7만여 명(노르웨이 4만여 명, 스웨덴 3만여 명, 핀란드 6,000여 명, 러시아 2,000여 명)이다.[1]

---

1 노르웨이 사미는 보통 세 그룹으로 (1) 핀마르크, 트롬쇠, 누드란드의 북쪽 지역에 사는 북사미, (2) 누드란드의 티스프욜드 지역의 루레사미, (3) 누드란드의 남쪽 부분, 북/남 트론드락, 헤드마르크 북쪽의 남사미로 나뉜다. 오늘날 사미는 여러 곳에 거주하는데, 수도 오슬로에 큰 숫자를 가진다.

사미 언어는 핀-우그릭 언어 가족에 속하며, 같은 언어 가족은 핀란드, 에스토니아, 카렐리야, 헝가리 언어이다. 사미 언어에도 여러 버전이 있어, 어떤 것은 서로 이해할 수 없다. 세 가지 주요 사미어는 남사미, 중앙사미 (북사미/루레사미), 동사미이다. 남사미와 북사미/루레사미 언어는 여전히 사용한다. 따라서 사미어 경계는 국경이 아니고 남-북 지역이다. 가장 널리 퍼진 북사미 언어는 이 지역에 대부분 사미가 사는 이유에 따른다. 그러나 한 사미 언어에 여러 방언이 있다는 주장도 있다.

마지막 빙하 시기 노르웨이, 스웨덴, 핀란드를 구성하는 스칸디나비아반도는 얼음으로 덮였다. 약 만 년 전 많은 얼음이 녹아 해안 지역이 명백해지면서, 새와 동물들이 이 새로운 풍경에서 먹이를 발견하고, 그후 순록 무리와 인간이 이곳에 도착했다. 북 해안 지역에 도착한 사람들은 서로 다른 장소에서 왔다. 어떤 사미는 노르웨이 해안을 따라 북쪽으로 여행했고 어떤 사미는 스웨덴의 보텐비켄으로 향했으나, 이들은 사미 공동체를 위해 통합하였다.

사프미 위치

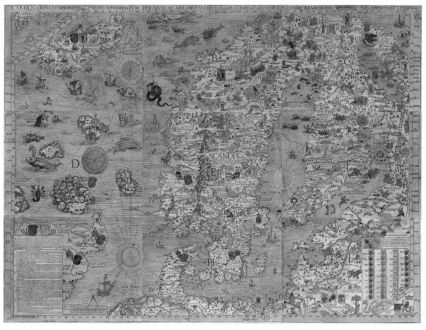

올라우스 마그누스의 카르타 마리나(Carta Marina) 2판, 1572

1980년 트롬쇠에서 열린 노딕사미회의는 정식으로 규정짓기를, 사미는 첫 언어가 사미어이거나, 그/그녀의 아버지나 어머니 혹은 할머니나 할아버지가 첫 언어로 사미어를 사용했거나, 혹은 그/그녀 자신이 사미로 간주하고 사미 사회의 규율에 따라 완전히 살거나, 사미로서 사미 공동체에 인정되거나, 위에 언급한 기준을 만족케 하는 아버지나 어머니를 가진 자이다.

역사상 고대 사미[2]는 사냥꾼으로 야생순록을 사냥하였고, 중세기에 시작한 순록 사육이 주식 수단으로 대체되었다. 여름 정착을 위해 봄에 순록의 새끼 낳기를 돕고, 여름은 야외에서 순록 무리를 모으며 겨울 양식을 저장한다. 사냥과 낚시 계절인 가을에는 순록을 도살하거나 일부를 교배시키고, 12월과 다음 3월까지 겨울 정착지에서 사회생활과 사업에 활동한다. 조그만 정착지 시이다(Siida)는 몇 가족으로 구성되며 샤먼은 한 연장된 가족으로 취급한다.

사미는 17~19세기 기독교로 개종하기 전 샤머니즘을 실행했다. 우주에 여러 영혼이 사는 신성한 장소를 믿었고 곰사냥 제식을 중요시하였다. 고대 스칸디나비아(Norse) 신앙에 영향받았다는 설을 가진 사미 종교는 사미가 숭배하는 여러 신의 이름에서 알 수 있으나, 어느 정도 영향 받았는지는 논쟁의 대상이며, 다소 피상적이다.

사미에 관한 두 가지 남아 있는 최초 출처는 고전시대의 역사 기록들이다. 하나는 로마 역사가 타키투스가 서기 98년에 쓴 『Ger-

---

2 이 책에서 사미(sami)와 라프(lapps)를 통괄, 사미라 부른다. 사미는 고대 'Finni', 'Fenni', 'Finnas', 'skrid-finns' 등으로, 라플란드 지역에 살아 라프라 불린 것 같다. 20세기 소수민족으로 인정, 주권이 부여되며 자체의 국기와 국회를 가지는 정치 변화를 통해 현재 라프라 칭하지 않는다. 이 책에서 '라프' 용어가 사용됨은 초기 출처나 17~18세기 기독교 선교사들과 연구 기록에 언급되었을 때이다.

mania』로 46장에서 사미를 '고귀한 야만인'으로 묘사, 당시 로마 도시 문화인의 혐오와 부러움이 섞인 감정을 일으켰다.

> 페니(Fenni)의 야생성은 놀랄 만하다. 그들의 가난은 비참하고 무기도, 말도, 집도 없다. 야생식물이 그들의 식량이며, 가죽을 입고, 바닥이 그들의 침대이다. 그들의 희망은 철의 부족으로서 뼈로 뾰족하게 만든 화살에 오직 달려 있다. 똑같은 사냥은 남녀 동등하게 영양을 공급한다. 여자들은 어디서든 남자들을 동반하며 먹이 일부를 찾는다. 아기들을 위해 야생동물을 피하거나 비를 막는 거처지도 없으며 오직 나뭇가지들의 한 매듭에 덮여 있다. 여기가 젊은이의 의뢰지, 그리고 노인의 피난처이다. 그러나 그들은 집에서 밭을 보고 신음하며 일을 멀리하고, 그들 자신이나 다른 인간들의 행운을 희망과 두려움의 변천에 위태롭게 함보다 더 다행이라 생각한다. 인간에 대한 안전, 신들에 대한 안전으로, 그들은 가장 어려운 것을 얻었다. 기도의 필요조차도 없다.[3]

서기 555년 그리스 역사가 프로코피우스는 로마와 고트 간의 전쟁묘사에, 스칸디나비아를 'Thule'로 부르며 그곳 거주자 일부를 'skrid-finns'라 했다. 750년경 파울루스 디아코누스의 기록에도

---

3 The wilderness of the Fenni is astonishing, their poverty wretched: they have no weapons, no horses, no homes; wild plants are their food, skins their clothing, the ground their bed; their hope lies solely in their arrows, which they tip with bones for want of iron. The same hunt nourishes both men and women equally; for the women accompany the men everywhere and seek part of the prey. For babies there is no shelter from wild animals and rains other than being covered over in a knot of branches; hither the young resort, and this is the refuge of the old. Yet they think it more fortunate than to groan over fields, so labour away at homes or to risk their own or others' fortunes to the vicissitudes of hope and fear; safe against men, safe against the gods, they have attained the most difficult thing: not even to have need of prayer. (Tacitus, 98)

'skrid-finns'가 언급되며, 그들을 순록과 비슷한 동물 사냥꾼, 그리고 스키 타는 인간으로 묘사했다. 결정적인 출처는 약 890년 바이킹 항해사 오테레가 영국 웨섹스의 앵글로-색슨 알프레드(871~899) 왕 궁정에 봉사하며 노르웨이어로 쓴 여행보고서이다. 노르웨이의 최고 북쪽 호로가란드에 살면서 오테레는 이 지역의 여행을 상세히 설명했고, 스웨덴 북쪽의 사미에 관련된 언어 외에도 어휘 'finnas'와 속성으로, 사냥꾼, 들새 잡는 인간, 어부, 순록 등을 기록하였다. 800마리의 길들인 순록 중 여러 마리가 미끼 동물로 특히 가치 있음을 전했지만, 그의 생활의 주요 출처는 사미에게 세금을 거둠이다.

사미의 사냥 장면(Magnus, 1555)

12세기 『Historia Norwegiae』와 사가 문학들은 오테레의 묘사를 확인한다. 독일 함부르크와 브레멘 대주교관구의 사무 처리에서 브레멘의 아담은 사미에 보낸 최초 선교사들을 언급했으며, 약 1200년 덴마크 역사가 삭소 그라마티쿠스의 『Gesta Danorum』에는 스키와 활쏘기를 하는 사미의 기술을 묘사했다. 삭소는 어휘 'finn(스키하는 라프)'과 두 라플란드(Lapland)를 핀마르크에 사용했다.

약 1900년경 노르웨이 핀마르크의 사미

1890년도 노르웨이 사미 가족

13세기에 주로 쓰인 아이슬란드 사가(Saga)들은 10~13세기를 다루며 이 관찰을 인정한다. 에길 스칼라그림손 사가는 전하기를, 바이킹 토롤브 크벨루프손은 사미와 만남을 주선, 그들에게 세금을 거두고 상품을 거래하며 무역회의를 이해와 따뜻한 분위기에서 진행했으나, 종종 두려움과 복종 의무도 따랐다. 인기상품은 동물 가죽이었으나, 그전 바이킹 시대와 나중 중세기에는 모피가 더 소중했다. 1673년 요한네스 세페루스는 라플란드의 역사가 담긴 『Lapponia』를 발행, 당시 사미 생활의 중요한 정보를 제공했다.

1673년 세페루스가 쓴 사미에 관한 기록인 라플란드 역사

실제 중세기 스웨덴, 노르웨이(이후 덴마크-노르웨이), 러시아는 사미 지역의 통제를 경쟁하여, 사미는 때때로 여러 국가에 동시에 세금을 바쳤다. 1751년 스웨덴과 덴마크-노르웨이의 국경협정 후, 스웨덴은 핀마르크의 카우토케이노와 카라속의 두 담당 구역을 덴마크-노르웨이로 이양했으며, 1826년 노르웨이와 러시아는 경계선에 동의했다.

초기 기록들은 사미를 이교도로 묘사했고, 12세기 초 교회들이 사미 지역에 세워졌다. 1714년 선교대학이 코펜하겐에서 발족하며, 2년 후 경건주의의 목사 토마스 폰 베스텐이 선교사로 선택되고, 그는 1716~1727년 노르웨이의 전 사미 지역에 선교활동을 벌이며 샤먼 드럼과 샤먼의 요소를 가진 샤머니즘을 반대했다. 1800년도 닐스 비베 스톡크플래트는 선교사로 신약성경을 사미어로 번역하며 대학에서 사미어 배움을 장려했다. 20세기 초까지 사미 문화동화는 루터교회와 학교로 억제되면서 사미에 무관심을 불러왔다. 서로의 대립이 이유였다.[4]

사미어는 그들의 역사, 철학, 신앙, 사회적 아이디어를 전하는 소통 도구였고, 사미가 소수민족으로 인권이 보호되면서, 1986년 노딕사미회의는 국기를 채택했다. 레드, 그린, 옐로와 블루는 사미의 컬러이며, 태양(레드)과 달(블루)은 드럼과 의상에서 영감을 받았다. 트롬

사미 국기

---

4 1800년 중반부터 노르웨이 사미 지역의 노르웨이화 정책이 활화되었다. 당국 목적은 가능하면 먼 곳의 사미인이 노르웨이인처럼 말하고 생활하는 것이다. 이 정책은 제2차 세계대전 종전까지 변하지 않았다.

1852년 가을 카우토케이노에 사미의 격렬한 반란이 발생, 노르웨이 당국이 실행한 착취와 차별주의에 대한 반응이었다. 노르웨이 무역인들은 순록 고기와 모피를 가지려 주정 음료로 교환하였고 이것은 사미인들의 음주 중독으로 문제가 되었다. 11월 8일, 한 사미 그룹이 당국과 직면하려고 도시로 행진, 지방 지사와 무역인들을 살해했고 목사를 폭행했다. 재판에서 5명이 사형을 선고받았고, 몬스 솜비와 아슬락 해타는 참수형에 처했졌다. 다른 8명은 무기징역으로 수감됐고, 33명이 유죄 판결을 받았다. 카우토케이노 반란으로 사미인들에게 노르웨이화 정책이 강해지면서, 사미어 사용은 교회나 학교에서 둘 다 금지되었다. 재판에서 긴 선고를 받은 라스 해타는 이 기간에 성경을 사미어로 번역했다.

노르웨이 수도 오슬로의 왕궁 앞에서 사미 국기와 의상을 입은 여성

쇠 시보튼의 사미 예술가 아스트리드 볼이 디자인하였고, 흔히 '태양과 바람의 어린이들'이라 불리는 국기는 사미의 날, 8월 9일에 게양된다.[5]

　노르웨이 사미가 민주적으로 선출한 조직으로, 첫 사미 국회 (Samitinget)가 1989년 10월 9일, 왕 올라브 5세 주최로 열렸다. 3개

---

5 유엔이 정한 '세계 원주민의 날'로 국제적인 날이다. 10월 9일은 노르웨이에서 사미 국회의 처음 들어선 날로, 이날 역시 국기가 게양된다. 1992년 헬싱키에서 열린 제15회 노딕사미회는 2월 6일을 사미 국경일로 지정했다. 이는 첫 국회가 1917년 2월 6일 트론헤임에서 열렸음을 기념하기 위해서이다. 사프미의 네 국가에서 이날을 축하한다.

대표단을 가진 노르웨이 당국 자문기구로서 사미에 관여하는 모든 것을 다룬다.

노르웨이 카라속에 위치한 사미 국회

스칸디나비아
원주민 사미의
사회·문화·종교

TWO

사회, 경제, 문화

순록 사육

석기시대에 북쪽에 사는 사미는 사냥꾼, 채집자로 사냥이나 어업으로 생활하였다. 그들은 화살촉과 활로 사냥했으며 뼈로 만든 갈고리로 물고기를 잡았다. 그리고 일 년 내내 같은 장소에 머무르지 않고 식량을 찾아 여러 곳을 돌아다녔다. 겨울 정착지는 물고기, 바닷새, 물개, 고래에 쉽게 접근할 수 있는 해안이며, 여름에는 내륙에서 움직이며 순록과 다른 모피 동물을 사냥했다. 또 큰 강에는 충분한 연어 공급이 있었다. 풍부한 자연은 그들의 생활을 축복하고, 사미는 자연 속에서, 자연으로부터, 자연과 함께 살았다. 사미는 자연의 사람들이다.

겨울의 순록 방목

옛 사미 사회는 시이다로 알려진 유닛으로 조직되었다. 여러 가족이 같이 일하고 거주하는 공동체로서 그들 스스로가 점령한 지역에서 사냥하고 어업하는 권리를 공유했으며, 가을 순록 사냥 같은 큰 작업에 협동했다. 사냥에 참여하기 어려운 노인과 병환자에게도 수입 몫이 할당되며, 이곳 지도자는 민주적으로 사냥 분배의 상세함을 결정했다.

순록 떼는 음식과 의복을 제공했으나, 사미가 나중에 길들인 순록은 운송과 야생순록의 사냥 미끼가 되었다. 16세기 말 야생순록이 사미의 지나친 착취로 고갈되면서, 순록 사육이 시작되었고, 사미는 자신들의 순록 떼를 끌며 초원에서 초원으로 움직이는 유목 생활을 택하여 기본 생계 수단으로 삼았다.

오늘날 순록 방목은 대부분 핀마르크 초원의 이끼에서 이루어진다. 4월과 5월 봄 이동이 시작되며 수천 마리가 해안의 여름 방목 초원에서 여러 날을 보낸다. 9월과 10월 사이 암송아지는 겨울 초원 이동지로 돌아오기에 충분히 성장했다. 이 여행 동안 순록 떼는 분류되며, 어떤 순록은 도살용, 어떤 순록은 소유권 표시를 받는다. 남트런더락과 헤드마르크에서 순록은 산에서 여름을 지내고 겨울에는 평원 지방의 숲으로 내려온다.

모든 길들인 순록은 귀에 그들이 태어난 해의 표시를 가진다. 여러 모양의 소유자 가족 표시로 어린이를 포함한 각 가족 회원은 순록 소유 표시에 자신의 변형을 만든다. 모든 소유자의 표시는 공적 등록에 기록된다.

오늘날 사미 인구의 약 5~10%가 순록 사육에 종사하며, 노르웨이의 약 20만 마리 순록 중에 14만 마리가 핀마르크에서 방목된다. 최근 숫자가 감소되어 사육을 계속하는 가족은 거대 순록 떼의 소유자들이다. 이들은 현대화 과정을 거쳐 스쿠터, 모터사이클, 헬리

콥터로 순록 떼를 움직이고 지킨다.

순록 사육을 하는 사미에게 일 년을 사계절(겨울, 봄, 여름, 가을)로 구분하는 것은 부적합하고, 여덟 계절로 나누는데 겨울(12~2, 3월), 봄-겨울(3~4, 5월), 봄(5~6월), 봄-여름(6월 중순~7월 초순), 여름(7월), 여름(8월), 가을(9 월~10월 15일) 그리고 겨울(10월 15일~12월 23일)이다.[6]

---

6 사미와 서양의 시간개념 비교

사미의 시간개념을 이해하려면, 서양의 시간개념을 잊어야 한다. 지식은 책에서 얻거나 교실에서 가르치지 않고, 특정 상황에 대한 반복적 경험을 통해 축적된다. 사미 시간은 자연 순환, 특히 순록의 일 년 순환이다. 서양 시간은 과학적 계산과 관찰에 기반을 두는데, 사미의 변화하는 달력과 대조된다. 사미 문화에서 시간을 아는 것은 어떤 자연현상이 발생하고, 어떻게 그것에 행동하는 것만큼 중요하지 않다. 자연에 의존하는 사미에게는 순록이 언제 이동하는지와 연어 산란의 특정 시간이 더 중요하다. 자연이 통치자인 세계에서 자연의 시간이 전부이다. 순록 떼가 이동하는 특정한 순간을 예측할 수 없는 것은 자연은 해마다 계절에 따라 바뀌기 때문이다.

사미의 계절

사미 문화와 순록 방목의 밀접한 관계로 사미 달력의 많은 것은 순록의 생 순환에 기본을 둔다. 순환의 여덟 계절은 순록의 일 년 행동 패턴과 직접 관련된다.

(봄-겨울) 순록 무리는 숲에서 산의 분만장으로 이동한다. 새끼를 밴 암순록들은 매년 거의 같은 장소로 돌아간다. 순록과 사미는 송아지가 출생하기 전 움직인다. 봄에는 온도가 올라가며 눈이 녹기 시작하므로, 순록과 사미가 분만장에 도착하지 않으면, 여행은 매우 어렵다. 이 시기에 송아지들은 산기슭에서 태어난다.

(여름 이전) 순록 방목장과 사미는 휴식을 취할 시간이 있고, 송아지들의 귀에 표시를 준비한다. 송아지가 아직 어려 이 기간에 식량이 부족해지면 무리는 악영향을 받을 수 있다.

(여름) 계절 대부분은 하루 24시간 빛을 가진다. 이 시간 동안 귀 표시를 수행한다.

(한여름) 더위가 한창으로, 모든 송아지에 사미 가족과 공동체의 소유권을 주의 깊게 표시한다.

(가을 이전) 사미는 예정된 숫순록을 도살용으로 선택, 혹독한 겨울을 대비한다. 여름이 풍성하고 순록이 커지면, 그들은 겨울을 지낼 수 있다. 순록이 상당한 체중을 가지지 않으면, 사미는 생존을 위해 많은 순록을 도살한다.

(가을) 틀에 박힌 계절로, 순록은 겨울 장소로 돌아오기 전 짝을 맞춘다. 또한, 산의 강들

계절마다 변하는 풍경들

사미에 관련된 순록 사냥 습관을 기록한 최초의 사람은 16세기 초 올라우스 마그누스(Olaus Magnus)이다. 1500년 중반 사냥 채집의 한 특수 사회가 루레 라플란드에 완성되었다. 네 그룹 시이다로 구성, 티스프욜드에 가장 까까운 곳에 공동체를 이루었다. 욕목을 포함한 더 오른쪽은 야생순록이 해안 지역에서 먼저 사라졌지만, 길들인 순록을 시작한 산 방목지이다. 사미는 이 두 곳의 옛 시이다에서 여름 동안 해안으로부터 순록을 이동했다.

1605년 스웨덴 라플란드에서 첫 실시한 순록 인구조사는 스웨덴 왕 칼 9세로, 이때부터 길든 순록은 사미가 살고 있던 스웨덴 남쪽 지역 전체를 점령했다. 이것은 주요 사회와 경제에 영향 끼쳐, 공동체보다 개인 소유권을 격려하였다. 물론 사미에게 사냥과 사육은 중심이 아니다. 어업, 특히 대구 어업이 18세기에 중요해졌고 고래와 수달 사냥도 종종 있었다. 무역 가치가 큰 모피, 담비, 순록은 내륙 사미가 획득한 상품들이다.

18세기 이탈리아 여행가 주셉 아체르비는 사미가 훌륭한 사격수임을 소개했다. 또한 덫 놓기의 명수였다. 러시아 라플란드의 수백 개 시장을 위해 매년 사미는 덫을 놓았고, 새들에게 먹이 주기의 지식은 큰 이득을 가져오는 무역이 되었다. 16세기 말, 순록 외 다른

에서 낚시하는 계절이다. 산에 머무름은 즉시 추워지므로, 사미와 순록은 이동을 준비한다.

(겨울 이전) 방목자들은 순록들을 산에서 식물이 여전히 번창하는 저지 습지로 이끈다. 순록과 사미는 다음 계절 끝에 취할 약간의 마지막 빛을 누린다. 온도가 떨어지며 저지도 마찬가지로 머무를 수가 없다.

(겨울) 하루 24시간 어둠 속에서 사미는 순록을 숲으로 움직이는데, 무리를 지원하기에 충분한 음식을 찾을 수 있는 마지막 장소이다. 여기서 순록은 태양이 돌아올 때까지 가장 혹독한 시기를 기다린다. 자연은 순환을 재시작하며 순록을 분만장으로 돌아가게 촉구한다. 사미는 이 각각 계절에 현존하나 순록 순환, 출생과 태어남의 오랜 순환을 따를 뿐이다.

사미의 물물교환(Magnus,1555)

길들인 동물도 소개되며 어떤 지역에는 농업이 대신 충당되었다. 1559년부터 스웨덴 세금 자료는 농업 확산을 확인하며, 특히 사미가 증가적으로 정착하는 프욜드 입구였다.

길들인 순록 사업이 16세기 말까지 티스프욜드 지역에서 이루어짐에도, 야생순록 사냥은 산 활동으로서 지속되어 세 형태로 이루어졌다. 17~19세기에 사미는 울타리를 뾰족한 막대기, 올가미 혹은 구덩이로 재건하였고 순록들을 똑똑 두드리며 나무줄기의 울타리로 잡는 방법이 처음 사용되었다.

20세기 어떤 지역에서 계속 사용한 둘째 방법은 2~3월 겨울의 새 사냥이다. 사미는 여전히 눈이 땅에 있을 때 스키를 타며 새들을 추적하고, 눈이 없는 따뜻한 달보다 사냥물을 더 쉽게 잡을 수 있었다. 마지막 방법은 계속된 것으로, 야생순록 사냥에 제일 힘든 방법이다. 수 킬로미터의 울타리에 놓인 구덩이에 달리는 순록들을 몰아넣는 형태이다.

노르웨이 바랑게 프욜드의 사미에서 시작된 순록 방목은 동물 사육의 정착 모델을 제공하였다. 순록 사육을 아직 채택하지 않은 산 사미는 '바랑게 산 핀란드인'으로 핀마르크를 정착지로 삼았다.

그러나 차츰 야생순록이 고갈되고, 지나친 과세로 인해 17세기 말 순록 사냥에서 울타리를 만드는 것은 과거의 일이 되었다.

19세기 중반까지 바랑게 프욜드에 야생순록 사냥은 법적으로 더 한정 범위를 가졌지만, 이미 18세기 후반 많은 사미들은 한 곳에 정착하여 농사를 짓기 시작했다. 그 결과로 디게바리와 시게바리의 옛 사냥처가 분해되며 일부 사미는 가까운 숲 협곡 혹은 북노르웨이 이브네스와 스칸콜란드 협부에 정착하였다. 새로운 정착은 여전히 이동하는 사미에게도 적용되었고, 갈로기에디는 육카야르비에서 도착하는 사미의 여름 기지가 되었다.

한편 1858년까지 적은 숫자의 러시아 라플란드는 순록 사육 정책의 모호함, 기근, 그리고 전쟁에도 불구하고 사육을 계속하였다.

생활환경

　　사미는 자연 일부로 그들 자신을 정의 짓는 생활 법칙을 따랐다. 한 거주지에서 다른 곳으로 옮길 때 자연에 남은 그들의 모든 흔적을 신속히 없앴다. 따라서 사미 주거의 두 타입은 영구적인 잔디 오두막집과 이동 텐트로, 이들은 자연 재료들을 사용하고, 거주지 중심에 난로를 가진 단독 방의 특징들을 공유한다.

　모든 것이 원형의 집 안에 적절한 위치를 가진다. 출입구가 나무 연료 저장소처럼, 방 중심을 차지하는 난로는 원 혹은 타원형인데 돌로 만들었다. 난로 뒤에는 요리에 필요한 냄비와 기구들이 있으며, 텐트에 한 오프닝은 고대 이후 신성한 곰의 장소였다. 사미가 곰 사냥에서 돌아와 죽은 곰을 이 오프닝을 통해 운반했다. 가족 모두는 각자의 좌석과 잠자는 공간을 소유했고, 하인들의 장소와 손님 숙박 공간도 있다. 텐트는 순록 떼와 함께 여행하는 자들의 거처지로 쉽게 설치, 해체된다.

　텐트를 설치할 최고의 대지는 물과 연료 접근이 쉬운 곳으로 험악한 날씨의 피난처가 되는 공간이다. 또 땅이 비교적 평평한 곳이어야 한다. 텐트는 가죽과 직조한 카페트의 텐트 천을 수직 기둥들로 유지한다. 두 기둥이 모이는 텐트 꼭대기에는 연기를 제거하는 오프닝이 있다.

사미 텐트에 사용되는 나무 재료

　전통적인 잔디 집(Gamme)은 돌, 너도밤나무, 잔디로 만들어졌고, 모두 사미 지역에 풍부한 재료들이다. 잔디 집은 산에서 사냥과 어업용, 해안에서 여름을 보내는 집이다. 집 바깥 벽은 바람과 기후에 모양이 구부러진 나무줄기의 목재 구조로 너도밤나무와 버드나무 줄기를 엮고 너도밤나무의 작은 가지와 껍질로 덮는다. 한 층의 잔디가 바깥에 놓인다. 잔디 집 내부는 통로로 연결되는 2개의 방으로 각각 사람과 동물용이다. 잔디 집의 적절한 장소는 초봄에 눈이 녹는 곳인데 오늘날 이 타입의 거주지는 주로 휴가와 순록 떼를 이동할 때 사용된다.

　전통적인 사미 일상 식품은 자연이 제공하는 것에 규정된다. 바다, 프욜드, 내륙 호수의 물고기, 순록, 조그만 동물 고기, 새들의 알과 고기, 진흙땅과 평원의 열매와 식물이다. 이 원재료들은 소금에 절이기, 그슬리기, 말리기로 처리되며 영양 가치를 방부제로 유지시켜 쉽게 운송된다. 순록은 영양 자원으로 매우 중요하여 고기, 내

장, 가슴, 폐, 뇌, 피 등등 가능한 만큼 전부 사용한다. 많은 순록 요리는 스톡으로 큰 냄비에 삶는다. 알려진 비도스(Bidos) 연회 음식의 조리법은 많은 양의 고기로 삶은 고깃국물이며 약간의 물에 약한 불로 익힌다. 말린 고기는 다시 삶거나 칼로 잘라 조각으로 먹는다.

　사미 지역 북쪽은 채소나 곡물을 경작하는 데 좋은 환경이 아니다. 최북단에는 척박한 환경을 견디는 몇몇 곡물만이 자라서 13세기 초부터 고기와 말린 생선이 곡물과의 물물교환 수단이 되었다. 18~19세기 러시아인들과 포모라(Pomora) 무역에서 보리와 호밀은 '러시아 가루'로 알려진 북사미의 주 상품이며, 설탕, 소금, 커피도 가능한 곳에서 얻었다.

한편 사미는 스토리텔링을 즐긴다. 예로 엄청나게 큰 위험한 괴물 스탈로는 인간을 잡아먹지만 쉽게 속임을 당한다. 스토리들의 목적은 어린이들에게 자연에 대한 존경을 가르치고, 친절과 복종을 배우게 한다. 그들이 집에 홀로 남겨졌을 때 바깥 세계의 사악한 스탈로를 무서워하여 바깥 출입을 방지하여 사고를 미연에 막는 기능도 한다.

사미 종교에는 많은 신이 있고 자연 세계와 얽혀 있다. 자연은 영혼을 가지는 정령신앙의 종교로서, 가장 중요한 태양은 눈과 얼음을 녹이고 빛과 따뜻함을 준다. 또 생명을 세상에 가져온 존재이다.

사냥꾼들이 순록 고기와 다른 동물 뿔을 바치는 희생 제물 장소(Schefferus, 1673)

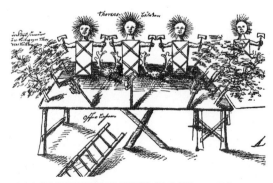

제식과 제물에 사용된 플랫폼에 의인화한 나무 우상(Rheen, 1671)

강력한 천둥 신은 하늘과 숲에서 불을 일으키지만, 생명을 주는 비를 가져온다. 쾌적하고 자애로운 바람 신은 강하고 단단하며 재빨라, 아무도 그에 대항할 수 없다.

사미는 샤먼을 통하여 신들과 접촉하므로 샤먼은 신과 인간의 연결자이다. 현명한 재능가로 목사, 의사, 성인, 예언자를 겸한다. 샤먼이 신들을 만나는 여행은 드럼으로 순록 가죽의 프레임 위에 여러 기호가 그려진다. 샤먼은 T 혹은 Y 형태의 순록 뿔 해머로 드럼을 때려 영적 세계에 접촉하고 신들의 의도를 찾을 때까지 노래 부른다.

자연 풍경의 신성 지역인 시이다는 보통 돌, 호수, 산 정상에 위치한 이상한 형태로 신들의 힘이 위치한다. 사미는 이 장소들이 초자연적 힘을 가진다고 믿으며, 사업 성공을 위해 순록, 생선 지방, 장신구, 금전 등 다양한 예물을 바친다. 여전히 순록의 뿔, 뼈가 먼 북쪽 노드카롤턴(Nordkalotten)에서 발견된다. 18세기 초 선교사들은 사미를 기독교로 개종시키며 샤먼을 쫓아내었다. 드럼을 압수해 불태웠으며 신성한 스토리도 파괴하였다.

공예 듀오지

　　　　　사미 문화 전통의 주 요소는 요이크 음악, 언어와 전설, 이탄 코테 집, 샤머니즘, 민간요법, 전통의상, 순록 썰매, 조각 공예, 지구 생태에 관한 지식이다. 가정에서 시작한 수공예 듀오지(Duodji)[7]는 전통직에 종사하는 사미의 부업이나, 점차 중요 예술 산업으로 전환되며 생산과 수입을 조직화하였다.

　사미는 항상 그들의 연장과 옷을 손수 만든다. 순록들과 함께 이동하는 동안 그들은 여러 기능과 여행에 적용되는 물건의 디자인과 완성할 것을 가지고 간다. 재료는 나무뿌리, 전나무 껍질, 가죽, 순록 뿔같이 자연에서 얻은 것이며, 용구와 칼이 중요 도구이다. 듀오지는 사미 전통들, 디자인, 패턴, 컬러와 그 자체의 역사를 가진 수공예다. 자연 재료의 근본 모양과 유목 생활이 디자인에 영향 끼쳤다. 부드럽고 커브 진 모양과 조화 있는 컬러, 단순한 장식은 텐트 기구, 주걱 등에 사프미를 통한 특징이다. 스타일의 점차적 진화에도, 각 세대는 개선과 재생에 공헌한다.

---

7 사미에게 보트와 연장은 올가미 밧줄, 순록 사육용의 칼과 썰매가 기본이다. 핀마르크 고원의 영하 50도에 동사를 방지하려 따뜻한 의복이, 한편 생존을 위해 어업 활동을 하는 사미는 바다 안개를 저항하는 의복이 필요하다. 또한 음료 용기, 사발, 음식 준비를 위한 그릇 등이 필요하다. 이것들의 원재료들은 자연과 동물에서 온 것으로 가죽, 모피, 뼈, 뿔, 껍질, 뿌리, 나무와 양모 등이다. 이렇게 사미가 만드는 물품을 '듀오지'라 부른다. 북사미 단어로 사미 수공예품이자 민속예술이다.

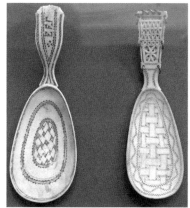

사미 수공예품 듀오지

35

사미 패턴은 여러 작은 패턴(가장자리, 잎, 사각, 하트)과 인터레스, 심지어 동물 모티프도 포함한다. 사미 칼은 기하적인 별, 꽃, 하트 모티프를 곡선, 가장자리에 명암법을 배합하여 장식한다. 가장자리 장식은 다양한 새김으로 종종 꼬임과 기하적 짜임으로 되어 있다. 전통 패턴은 순록 뿔, 뼈, 나무로 만든 물건, 은과 땜납으로 만든 기구에 세 스타일(북/중앙/남사미)로 칼로써 새겨진다. 개인 창조성도 역시 허락된다.

남쪽 사미 지역은 꼬임으로 유명하다. 이것은 날카로운 칼끝으로 만든 패턴들의 배합과 라인으로 만들어졌다. 디자인은 종종 손잡이나 칼집을 전부 덮는다. 가장자리 장식은 엄격하고 단수나 이중열로 십자 같은 칼로 완성된다. 중앙 사미는 남쪽처럼 꼬인 패턴이나 음영을 가진 곡선에 더 단순한 별로, 북쪽 지역의 디자인과 관련된 십자 패턴이다. 별 디자인의 라인은 날카로운 칼의 절단으로 완성된다.

다수의 기하 패턴은 사미 신화나 풍경에서 온 상징들로 바꾸었다. 엮은 밴드들은 북구의 문화적인 빌림이나 사미의 유산에서도 유래한다. 그러나 컬러(레드, 옐로, 그린, 블루)의 선택과 패턴은 사미의 것이며 다른 상징들과 연관된다. 꽃, 기하 모양을 가진 북사미의 밴드들은 이를 아껴 사용하는 중앙과 남사미의 것들보다 패턴과 색상이 다양하고 풍부하다. 체크 패턴은 중앙 사미에게 흔하다.

전통적 코프타(Kofta, Kolt)는 사미가 입는 재킷으로, 노르웨이 카라속과 카우토케이노에서는 노인 평상복이고, 사프미 대부분의 지역에는 의식복이다. 서로 다른 지역 위치들이 그들 자체의 디자인들을 만들었으며 재료, 장식, 벨트, 모자, 액세서리 등 디자인의 컬러 선정에 다양하다. 기본 형태에도 여러 변형이 있다.

즉 코프타 장식은 주로 블루와 그린이나 레드와 옐로도 있다. 북쪽 코프타는 지그재그 패턴의 밴드를 포함해서 풍부한 컬러 장식 밴드를 가진다. 장식은 지역마다 다르며 한 가정에서 다른 가족, 관계, 수놓는 바느질에 따라 다르다. 그러나 거기에는 가장자리 장식의 컬러 선택과 위치에 규칙들이 있다. 넓은 천의 넓이와 지그재그 장식은 기독교 사미에 따라 달라진다.

현대의 사미 의상은 천이 재료가 되지만, 순록 가죽으로 만든 초기 형태에 기초를 둔다. 순록이 도살되면 여성들은 가죽을 최대로 사용, 이 가죽 모양은 재킷으로 알려진 패스크(pesk)의 형태를 규정한다. 한 남자 성인을 따뜻하게 지키는 데 6마리 순록이 필요하다. 여성 패스크는 남성보다 조금 더 길다. 패스크는 순록 송아지의 가죽으로 만드는 것이 전통이다.

사미 의상과 장신구

전통적인 사미 코프타

화려한 컬러의 사미 남성과 여성 의상

사미는 순록 가죽에 기본적인 공통 단어를 가지며, 여러 다른 단어가 전달용으로 사용된다. 예를 들어 동물이 도살되면 그것의 연령을 물어보는데, 이때 사용하는 단어는 가죽의 특질을 제시한다. 그것이 사용될 의도에 따라 패스크, 외투, 발목 부츠, 성인 혹은 어린이 의복으로 타입이 분류된다.

사미 의상에 가장 잘 알려진 카우토케이노 코프타는 컬러풀한 리본과 레이스 천을 사용하여 장식한다. 코프타는 순록 뿔 혹은 실버로 만든 버클로 고정하는데, 남성 가죽 벨트는 실버 단추나 순록 뿔로, 여성 벨트는 직조 혹은 가죽으로 만들어졌다. 여성 벨트에 사각 실버 단추는 그녀가 기혼자임을 의미한다. 남성은 코프타 깃 안에 실크 스카프를 착용, 여성은 그녀의 코프타 바깥에 숄을 걸친다. 카우토케이노 코프타는 스웨덴과 핀란드에서도 사용된다.

듀오지는 자체의 전문 교육이 필요하므로 훌륭한 질을 확신하기 위한 조직체들을 가진다. 듀오지를 생산하는 사미는 그들 조상에게서 이어받은 기술을 보존하고 발전시킨다. 그들의 공예품은 무엇인가를 바라는 기능에 기초를 두고 최대의 형태를 사용하며 최고 재료에 관한 지식에서 생산된다.

요이크 음악

보컬 음악의 전통 형태인 사미 요이크(Yoik)는 한 개인의 음악 표현이다. 인간, 동물, 태양, 달, 별, 오로라의 묘사를 통해 사랑, 환희, 미움, 고통의 감정을 나타내며 꼭 단어가 필요하지 않아 멜로디, 공연, 스토리로서 사미의 역사, 종교, 경험을 소통하는 중요 수단이다.

실제 북구와 러시아 콜라반도에 사는 사미의 요이크는 여러 사미의 노래 스타일 중 하나였으나 영어로 전통 사미 노래의 모든 타입을 포함한다. 예술 형태의 요이크는 인간, 동물, 장소를 일깨우고 비추도록 되어 있다.

사미 문화는 기록된 언어가 아니므로 어떻게 어디서 요이크가 유래했는지 참고할 게 없다. 구전에 의하면 북구 요정들이 사미에게 요이크를 주었고, 구전을 기록한 유스트 킹스타드(Just Quingstad)는 여러 작품에 이 전설을 문서화하였다. 어쨌든 음악 연구가들은 유럽에서 가장 오랫동안 살아 있는 음악 전통의 하나임에 동의한다.

불행히도 사미가 기독교화되는 동안, 요이크는 비난받았다. 노르웨이화 정책에 동화하고, 요이크를 죄로 취급함으로써 교회와 당국은 그것의 평가절하에 노력하였다. 요이크는 특히 샤먼과 기독교 이전 신화 제식의 연결로, 마법 주문과 유사하다고 여겨 1950년도 사미 지역 학교에서 금지되었다.

이런 억압에도 요이크는 사미 문화에 뿌리를 내렸고 영감의 원천으로 유지되었다. 최근 요이크는 두 가지 스타일로 향유되는데, 울부짖는 소리의 전통 스타일과 젊은 층에 불리는 현대 사미 음악 스타일이다.

사프미 문화 표현의 유일한 형태인 요이크는 자연을 향한 개인의 영혼성이다. 종종 한 인간, 동물, 풍경에 개인 서명으로 봉헌되며 즉흥 연주가 일반적이다. 사미 단어는 타동사로서, 한 요이크는 인간, 장소에 관한 노래가 아니고, 요이크 가수가 노래를 통해 한 인간과 장소의 묘사 및 일깨움을 담은 것이다. 북사미 지역에 대부분의 요이크는 한 특수인이 태어난 시대를 위해 종종 만들어졌다.

전통 요이크는 가사가 없거나 짧은 가사를 카펠라로 노래하며, 현대 요이크는 드럼과 다른 악기를 동반한다. 펜타토닉(pentatonic) 톤에도 요이크 가수는 즐기는 대로 어떤 음조를 사용할 수 있다. 그리고 요이크는 전통문화 자체의 은유로 이해된다.

1800년도 중반 자연 전경을 본 후 엠마 에드월이 만든 목판화로 저녁 루르 혼을 연주하는 북구의 사미 여성이 그려져 있다

요이크는 사미처럼 오해와 조롱을 받고, 심지어 위협을 당하기도 했다. 서구 세계에 덜 익숙한 규모와 음성의 사용으로 요이크는 사미가 외부 손들에 의해 고통당한 침입과 남용을 대표한다. 기독교화, 현대화에 위협당했지만, 일상생활에서 사미의 전통들은 요이크와 함께 살아남았다.

따라서 요이크의 세계 수용과 인정은 사미 문화 보존을 도울 수 있다. 이것의 사회 기능은 (1) 추억들을 공유, (2) 공동체 건립, (3) 개인 표현, (4) 순록을 달래고 늑대를 위협, (5) 현세와 내세에 죽은 자의 운송이다. 시작과 끝이 없는 요이크의 구조는 바로 사미 세계관, 즉 자연 세계를 둥글게 보는 사미 문화 표현의 '대칭적 깊이'를 반영한다.

다음은 18세기 북스칸디나비아를 여행한 이탈리아 탐험가 주섭 아체르비가 처음 기록한 비사미적 변형의 구절이다.[8]

> 나는 그들 음악에 다소의 아이디어를 가질 수 있는 전원 라프족이 되려 금전과 브랜디의 힘으로 여러 번 시도했다. 그러나 내가 최대로 할 수 있음은 그들로부터 약간의 끔찍한 외침에서 쫓겨남이다. 이 계속되는 동안 나는 손가락으로 나의 귀들을 종종 막아야 했다. 비록 그것이 완전히 사실이나, 산과 방황하는 라프족이

---

8 I attempted several times, both by the power of money and of brandy, to make the pastoral Laplander that I might form "some idea of their music: but the utmost I could accomplish was to extort from them some hideous cries, during the continuance of which I was sometimes obliged to stop my ears with my fingers. It is scarcely credible, though it is perfectly true, that the mountain and wandering Laplanders have not the least idea of any thing connected with harmony": [a]rtificial music appears to be wholly banished from these forlorn and solitary districts. (Acerbi 66)

하모니 관련에 최소한 아이디어가 없는가는 거의 믿을 수 없다.
가공 음악이 이 고독하고 외로운 지역에서 완전 추방된 것 같다.
(아체르비 66)

노스 케이프 항구에 선적을 위해 여행 간 아체르비의 동반자 숄데브란드(Skjöldebrand)
의 드로잉, 『The Voyage pittoresque au Cap Nord opera』(1801~1802)에 발행

두 사람이 서로 손잡고 핀란드 서사시 칼레발라 노래를 부르
는 옆에 한 사람이 전통 악기 칸텔레를 켜고 있다(아체르비)

요이크는 공동체와 협동의 사미 문화 가치를 반영, 재강화한다. 요이크 가수는 억압, 침범, 갈등의 여러 세대 동안 사미의 연대감을 통해 종족과 문화 동질성을 유지하려 했다. 개인 감정의 확인과 전통적인 성인의 통과의례를 받아들이면서 요이크는 개인 동질성과 동시에 공동 건설의 역할을 강조한다. 전통을 따르며 한 사람의 요이크를 승인함으로써, 한 사람은 한 그룹 회원으로 한 사람의 동질성을 긍정하는 것이다.

전통 종교의 중요 부분으로서 요이크는 집에서 아마추어나 시이다 거주의 샤먼에 의해 이루어진다. 샤먼은 의식용 드럼과 특수한 요이크로 무아 황홀 상태에 이른다. 샤먼이 알고 사용하는 요이크들은 신들의 행사 과정을 바꿀 힘을 가진다.

매년 부활절 축제가 카우토케이노에서 준비되는데 수천 명이 이를 축하하기 위해 모인다. 사미 페스티벌 중 가장 중요한 세례, 견진 성사, 결혼이 이 시기에 이루어진다. '세계 챔피언 순록' 경쟁, 요이크와 다른 사미음악회, 그리고 연극 공연 등이 열리는 특색 있는 축제이다. 음악 축제는 매년 사미 그랑프리를 준비하며 노래, 음악, 요이크가 한자리에서 경쟁하는 자리로, 모든 사람이 참가한다.

스칸디나비아
원주민 사미의
사회·문화·종교

THREE

신화와 원시 종교

샤머니즘

종교 역사가 엘리아데(1972)는 샤머니즘(Shaman-ism)을 지역적 복합체이며 '광란의 기술'로 정의했다. 바즈다(1959)는 시베리아에서 수집된 샤머니즘의 여덟 조건으로 (1) 제식 광란, (2) 동물 수호신, (3) 샤먼의 직업, (4) 개시, (5) 다른 세계 여행, (6) 계층 세계론, (7) 샤먼과 동물 혼의 무속대회, (8) 드럼 같은 무속 도구를 나열했다. (7), (8)은 절대적이지 않고, 각각 요소가 전부 일치될 때 복합현상 샤머니즘이 이루어진다.

이 접근에는 시칼라(1978)도 동의한다.

> 그러므로 나는 제식 기술과 신앙의 유사성이 몇 가지 기본 특징보다 더 많은 중앙아시아, 북시베리아 그리고 다른 북극 지역의 실제 '고대적' 샤머니즘에 샤머니즘 단어를 사용함이 유용하다고 간주한다. 반면에 이런 특징과 요소, 아이디어들은 세계의 다른 지역들에서도 발견된다.[9]

샤머니즘의 한 특수 형태가 고대 스칸디나비아에 존재했다는 증거는 그 출처가 뚜렷하지 않다. 홀트크란츠(1973b)는 적당한 정의를

---

9 I therefore consider it useful to use the term shamanism for the real, "classical" shamanism of Central Asia, Northern Siberia and other Arctic regions, in which the similarities of rite technique and belief system amount to more than a few basic features. Such features, elements and ideas are, on the other hand, found in different parts of the world (Siikala, 1978)

설정하였다.

이제 우리는 샤먼을 그의 수호신들의 도움으로 그의 그룹 회원들을 대신하여 초자연 세계와 영적 교류를 만들려 광란을 얻는 사회 기능자를 정의한다.[10]

그는 나중의 저서(1978)에서 이 이론을 확장하였다.

샤머니즘의 중심 아이디어는 전문적이고 영감을 가진 한 중재자인 샤먼의 광란적 경험으로 초자연 세계와 접촉 수단들을 세우는 것이다. 그래서 샤머니즘에 네 가지 중요 성분이 있다: (1) 이데올로기의 전제, 혹은 초자연적 세계와 그것의 접촉들, (2) 한 인간 단체를 대신해서 행동자의 샤먼, (3) 그의 보조 혼으로부터 그에게 부여된 영감, (4) 그리고 샤먼의 특별한 광란 경험이다. 샤머니즘의 대부분 정의는 이 성분들의 한두 가지는 무시한다.[11]

샤머니즘은 사미 혈연가족에게 주요한 사회, 종교 기능이며, 샤

10 We may now define the shaman as a social functionary who, with the help of guardian spirits, attains ecstasy in order to create a rapport with the supernatural world on behalf of his group members. (Hultkrantz, 1973b)

11 The central idea of shamanism is to establish means of contact with the supernatural world by the ecstatic experience of a professional and inspired intermediary, the shaman. There are thus four important constituents of shamanism: the ideological premise, or the supernatural world and the contacts with it; the shaman as the actor on behalf of a human group; the inspiration granted him by his helping spirits; and the extraordinary, ecstatic experiences of the shaman. Most definitions of shamanism disregard one or two of these constituents. (Hultkrantz, 1978)

라프족의 제식 장면으로 샤먼의 드럼이 보인다(Krohn, 1894)

먼은 드럼을 통해 이 세계와 다른 세계를 중재한다. 질병과 사고의 충돌에 인간과 신의 조화가 샤먼에 의해 도달되고, 드럼 제식은 인간의 경계선을 극복하게 한다. 신성한 일곱 구석을 가진 사미의 거주지 오두막집 코테는 사미 세계관의 표명으로서, 가족과 혈연사회의 소우주이다. 북극 지역의 상징 문화로, 코테에 위치한 샤먼은 우주의 중심이며, 코테 기둥은 북극성과 은하수 주위를 축으로 한 세계 구조이다.

사미 유목민은 별, 빛, 하늘 현상을 코테 지붕에 모인 연기로 관찰, 그들의 소세계가 대세계 자연의 일부임을 느낀다. 이 중심은 하늘 주위를 회전하는 별의 세계 축인 신비한 세계나무(The World Tree)를 따라 3개의 세계 평면이 만나는 점에 있다. 따라서 호수의 이중 바딕 아래 사는 조상들의 지하 세계 '영혼 구멍'을 통해 샤먼은 샤먼 물고기로 가장하며, 북쪽 지역은 신성한 산으로 이것을 대체했다.

불행히도 17~18세기 샤미 샤머니즘을 제거하기 위해 노르웨이, 스웨덴 선교사들의 상세한 설명에도 저조한 기록을 남겨 여러 연구는 전반적인 견해만을 제공한다. 언급한 대로 최초 기록은 12세기의 『Historia Norwegiae』에 나온 샤먼에 관한 설명이다. 또 17~18세기 스캉케 예센, 올센, 리엔, 룬디우스의 저서들도 있으며, 이때부터 그들 문화를 지키려는 사미의 절망적 외침을 사건들의 재판 기록에서도 볼 수 있다. 핀란드와 러시아에는 거의 기록이 없으며, 18세기부터 점차 사라져 19세기 초 민속 기억으로 남게 되었다.

사미 우주론: 신체영혼과 자유영혼

사미 신앙은 북유라시아 사냥 종교로, 사미가 피노-우그릭 그룹에서 고립하여 사냥꾼, 채집자, 어부로 생활했던 빙하 시기 후 자체의 형태로 발전했다. 정령숭배의 종교로, 자연의 모든 것은 영혼을 가지며, 이 세계관은 신화, 스토리, 노래, 춤, 이미지와 의식으로 전해졌다. 일 년 순환에 따른 중요 의식들은 지방 그룹과 개인에 각각 행해진다.

북유라시아 종교의 특색은 사냥, 어업과 관련된 의식, 사냥한 동물을 포함한 예식, 샤머니즘이다. 죽이거나 죽음은 사회, 우주 질서에 불연속이나, 이것은 사냥꾼에게 생의 창조를 위한 필수조건이다. 시칼라(1992)는 무속신앙과 관행들은 일상생활의 고유 부분이고, 샤머니즘은 종교로 드럼과 광란을 통해 다른 세계들과 연락하고자 전문가들에 의해 응용된 테크닉이다.

따라서 현존하는 드럼들에 그려진 모티프 선정과 위치는 사미 우주론에 통찰을 준다. 또 17~18세기 루터파 선교사들이 종교 직면의 시기에 쓴 문서들과 현대에 수집된 구전의 단점에도, 이런 역사 출처는 사미의 신성한 장소, 시간과 생존의 일 년 순환 의식을 충분히 제공한다. 인간은 자연의 중요 부분이며, 신성하고 속세의 것들과 일정하게 연결된다.

사미 세계의 세 구역은 한 세계나무나 기둥을 통해 합치며, 이 기둥은 북국 별들과 연관된다. 드럼의 몇 모티프는 특수한 위성이 밤하늘에 보일 때 천문학의 별 지도로 사용, 사미의 세계관과 시간개

넘은 실행해온 의식들에서 확인되는데, 연, 달, 주, 일의 개념이 생계활동의 일 년 순환과 연결된 탓이다. 여러 의식 관행은 순환적 시간이나 지리적 장소에 그들을 위치시킬 수 있다.

사미 우주론은 기독교의 신체와 영혼의 이중 아이디어와 달리, 인간은 3개(신체, 신체영혼/Body Soul, 자유영혼/Free Soul)를 소유한다고 여긴다. 이 믿음의 중요성은 두 가지 다른 영혼의 이중 개념이다. 자유영혼 신체에 거주하는 독립체로서 생의 보조자 혼으로도 동행한다.

스콜트(Skolt) 사미는 보조자 혼은 동물 형태로 죽음 후 자유영혼이 되어 신체를 떠나 조상들 세계로 간다고 믿는다. 모든 생물은 자유영혼과 함께 신체와 연결되는 신체영혼을 가진다. 신체영혼(생명영혼)은 호흡 기능으로 정의되며, 죽음 후에도 뼈대와 다소 연결하며 계속한다. 인간과 곰 뼈들은 그들 미래가 손상치 않게 주의하여 매장되며, 희생 동물 뼈들을 자르지 않는 이유는 신체영혼이 물질적 존재인 것처럼, 자유영혼도 이 세계에서 물리적으로 현존하기 때문이다.

> 자유영혼은 물리적 대상으로서, 연결점을 역할 하는 물질의 운반
> 인으로 재현되어야 한다. 이 연결점은 그림자, 동물, 이름, 죽은 자
> 의 기억할 만한 모습, 동물 등의 형태를 보일 수 있다.[12]

생명영혼과 죽은 자의 자유영혼의 소통은 제물로 가능했고, 이들의 상징적 재현은 의인화, 동물, 예술 형태였다. 돌이나 나무로 만

---

12 The free-soul must be represented by a physical object, a material – more or less – bearer that serves as a connecting point. This connecting point can take the form of a shadow, an animal, a name, memorial figures of the dead, etc. (Pettersson, 1957:55)

든 이 상징 우상들은 영혼들을 불러오는 것이었다. 1671년 욕목에서 7년간 머물렀던 목사 사무엘 리엔은 사미 가족은 나무나 돌 이미지들을 보관했고, 유령 스토리를 들었던 산 위, 산 협곡, 또는 강, 바다 해변에 돌 신을 세웠다고 기록했다.

엔스 킬달은 1730년 저서에서, 신성한 장소에 희생 제단을 만드는 것처럼 사미는 큰 그림, 모습, 조각 통나무와 막대기를 둥근 돌 사이에 많이 세웠다. 페르 횐스터럼은 보고하기를, 1740년도 사미 장례식에서 장례 썰매를 무덤으로 끌고 간 황소, 순록을 죽이고 매장했다. 종종 순록 이미지와 그림들이 진짜 동물의 재현으로 사용되었다. 1820~1830년도 핀란드 라플란드의 목사 야콥 펠만은 돌 신이 죽은 자의 재현임을 지적했다.

> 죽은 자는 우상들의 수단으로 숭배되었다. 그런 우상들이 세워진 장소들에서 – 호수, 작은 숲, 산, 어느 곳이든 – 죽은 자에게 제물로 세워졌으며, 죽은 자가 거주하고 그 모습 안에 존재한 신성한 힘으로 일한 장소이다.[13]

초자연 세계의 시각 재현들은 의인화된 돌, 나뭇조각, 심지어 그림도 포함한 의식 관행으로 기독교 전의 사미 생활의 일부이다.

로크 아트의 경우, 암석 표면의 이미지들은 죽은 자들로 지하 세계에 살고 있거나 혹은 다른 혼과 신들의 재현 같은 기능을 한다.

---

13 The dead were worshipped by means of idols, *seites*. On the places where such *seites* were erected – they might be by lakes, in a grove, on a mountain or elsewhere – and consecrated by offerings to the dead, on these places the dead dwelt and worked with a divine power inherent in the figure itself. (translated by Pettersson, 1957:121)

이미지들의 생산과 사용들은 기념, 화해, 승인의 종교 제식에서 이해되어야 한다. 로우란드(1993)는 한 장소의 정확한 기억 전달은 두 방법의 하나로 보강이 필요하다고 말했다. 비록 인간의 물리적 자취가 영원히 남아 있지 않지만, 기억할 만한 행동으로 강한 기억을 만듦이다. 즉 가치 있는 것을 예치하거나 의식을 행하거나 장소를 명명함이다.

그란 사미 지역의 베스테르보텐, 아이레스욕의 나무로 만든 의인화 우상

혹은 특수한 인간, 행사, 장소들을 기념하려 모뉴멘트를 세우고 그 장소들의 본래 의미가 더 이해되지 않은 후에도 영구적으로 중요한 장소를 만드는 것이다. 자연 풍경에 모뉴멘트의 건설은 그것을 만든 인간 조직체가 자연의 영속성에 책임지는 신호로 의도된다. 역사상 모뉴멘트는 신석기시대 후 유럽 농경문화의 자연적 장소의 기억으로 점차 대신해왔다. 사냥 채집 사회에서 인간은 모뉴멘트보다 장소에 더 특수한 중요성을 계속했는데, 이런 장소는 모뉴멘트가 할 수 있는 것처럼 의식들의 초점을 만들고 자연 세계의 필수 부분으로 남는다. 이 장소가 전부 수정되었을 때, 인간은 조그만 스케일의 물질로 이것을 변화시킨다. 돌 더미, 돌 세팅, 조각 나무, 통나무, 로크 아트의 모뉴멘트이다.

신화, 의식, 도상의 상호 보강

　　　　　지식이 과학을 통해 중재되지 않거나 지표에 전해지지 않고, 텍스트의 권위가 재강화되지 않는 사회에서, 실제에 관한 믿음은 스토리, 노래, 그림, 공연의 암호로 소통된다. 비문명 사회에서 이 기호적 관행은 구두/노래(신화), 보임(이미지), 행해짐(예식)으로, 이 세 활동은 분리할 수 없다. 종교는 신화(myth)들이 표현하고 이미지들이 묘사하는 추상 믿음(belief)에 기원을 두지 않고, 오히려 공동체 결합을 굳히는 의식(ritual) 활동들이다.

　타일러(1871)는 "신화는 의식에서 유래했지, 의식이 신화에서 유래한 것이 아니다. 의식은 고착되고 신화는 변화할 수 있다. 의식은 의무적이고, 신화의 믿음은 숭배자 판단의 자유에 있다. 신화나 이미지를 이해하려면, 먼저 그것을 동반하는 의식을 결정해야 한다."고 말했다. 반대로 엘리아데(1903)는 "의식은 믿음, 아이디어와 상징들에 의존한다. 이처럼 여러 견해에도 일반적으로 전통사회에서 신화(은유)와 이미지(상징)는 그들의 의식적 문맥에서 분리되지 않는다."고 말했다.

　라파포(1998)는 "신화는 실제의 투명한 양상들이 정확한 문자 표현보다 상징으로 주어진 신화, 이미지, 의식의 배합 매체를 통한다. 표현의 상징 형태는 경험으로 검증할 수 없는 추상 아이디어들을 의식 참여자에게 더 확신시키고 기억하며 즐거움을 준다. 신화는 다른 세계를 볼 수 있고 더 풍부한 정보를 가진 샤먼이 홍미 스토리, 시적 언어, 연결된 은유와 시리즈를 통해 표현되는 개념들을 암호로 전달한다."고 주장했다.

　스토리는 생활에 의미를 부여, 과거 관점에서 현재 무엇이 일어남을 설명한다. 신화는 종종 우주력의 가입을 통해 생의 창조에 긍정을 주는 반면, 믿음은 현재의 기원을 설명, 미래의 생-창조의 약속을 제공한다. 인간이 누구이며 어떻게 행동해서 미래가 보호됨을 알리는 거울이다. 비록 신화가 탄생, 삶, 죽음의 기원과 의미를 설명하나 이러한 믿음을 강한 설득으로 재강화시킴은 의식이다. 생의 순환에서 중요 행사인 그룹 의식은 형식적 행위와 발언을 포함한다. 이 의식 의미 일부는 참여자에 의해 기록되며, 다른 의미들은 전통으로 이어진다. 의식 참여자는 불확실하거나 모순될지 모르는 믿음들의 승인을 의식으로 신호하며, 따라서 의식은 신화, 과거, 신성한 실체, 현재와 미래 행사에 관한 아이디어를 유효화한다.

사미 이코노그라피

　　사미 민속학의 조사는 직선적이지 않고, 사미 의식 관행과 이코노그라피에 관한 기록은 거의 드물다. 기독교 전부터 이어온 이미지 대부분이 망케(1950)의 71개 드럼에 나타나는데, 18세기 전까지 사미 드럼은 샤먼의 제식 개시와 광란에 사용되었다. 드럼 막에 표현된 모습들은 우주의 무속신앙으로 간주하나, 대부분의 정확한 의미는 불분명하다. 드럼의 샤먼 세계는 세 구역인 우주, 일상, 지하 세계로 각 구역에 신, 여신, 초우주적인 것, 인간, 동물 등이 거주한다.

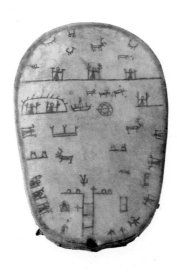

루레 사미의 드럼 64(Manker, 1938)

사미의 영혼 신앙은 특별한 이름과 특수 역할을 가지며, 신성한 장소에 특징적으로 거주하는 세계 개념과 연결된다. 자연의 이런 요소들은 특정한 신의 혼, 영혼들의 표명으로, 초자연 세계로 접근하는 경계(liminal)이다. 많은 장소는 사미 풍경의 영적 생기를 제공하며, 신성한 산은 조상들의 거주지, 특히 샤먼 조상들의 집이다. 계곡, 산 동굴, 급류는 다른 세계로 통하는 경로이며, 입구나 출구가 없는 조그만 호수 사이보의 바닥들은 이중 열림으로 다른 세계로 가거나 나오는 접근지이다.

구전에 의하면 거품을 내는 온천도 이 특수 접근 장소이며, 절벽 표면에 흘러나오는 물은 지하 세계에 유래한다. 어쨌든 신성한 장소들은 규칙을 지키는 자의 동반이 필요하다. 특수 제식이 여러 타입의 활동을 위해 나이와 성별에 따라 제한되는데, 생계 활동의 경우 사냥과 어업의 계절 동안이다. 가장 중요한 계절 제식은 가을에 집단 순록 사냥의 희생지이며, 곰 사냥도 마찬가지이다.

> 자연의 힘은 한 사람이 그들과 좋은 관계를 유지하지 않으면 사악으로 간주되지는 않지만, 위험할 수는 있다. 이것은 희생 관용들과 자연에 관련되어 행동의 일반 규칙들을 통해 얻어왔다. 이 규칙들은 유지되었고 스토리와 구전 전통으로 이어져왔다.[14]

사미 신화들은 우주 세계의 통찰이다. 신화는 선사시대의 지방

---

14 The powers of nature were not considered evil, but could be dangerous if one did not maintain a good relationship with them. This was achieved through a set of sacrificial practices and through general rules of behaviours in relation to the natural world. The rules were maintained and passed on by tales and oral tradition. (Schanche, 1994:122)

출처이나, 여러 시간과 장소에 계속한 공유 요소들은 다른 피노-우그릭의 신화를 믿는 근거로 두 신화(태양의 아들과 프얀다스)에 동물이나 동물 영혼의 역할이다.

동물 신화

사미 신앙에서 곰은 '하나님의 개'로서 신과 인간 사이의 중재자이다. 잘 알려진 신화에 따르면 한 숫곰이 여성을 그의 아내로 택하여 아들을 얻었다. 죽을 시기에 이르자 곰은 그 스스로 자형들에게 죽기를 허락했다. 만일 인간이 그를 지배한다면 그의 몸과 뼈를 어떻게 처리하는 것을 아내에게 지시하고, 특별 제식으로 매장되기를 부탁했다. 이와 같이 곰을 존경하는 유사한 곰 스토리와 제식들이 북극 지방의 여러 문화에서 발견되며, 다른 동물도 마찬가지이다.

북극 지역의 긴 선사시대에 곰은 성스러운 동물로, 노르웨이 알타의 곰 사냥 묘사는 계절 활동 패턴을 나타내며 기원전 4200~3600년 곰, 순록 사냥꾼과 지하 세계 간의 상징적 연결을 제시한다. 사냥한 동물 뼈들은 재조립되고 제식으로 매장된 곰 무덤들도 고고학적으로 알려졌다.

곰과 순록 가죽은 중앙사미의 서사시 「The Son of the Sun's Courting in the Lands of Giants」에 보인다. 1821~1841년에 베낀 여러 버전을 한 서사시로 배합한 것으로, 태양의 아들이 거인 나라의 딸과 결혼 후, 함께 사미 고향으로 돌아오는 스토리이다.

> 곰 가죽과 어린 암순록 위에
> 신부는 사미로 변했다.
> 그리고 인간의 크기가 되었다.

그녀의 가슴에서 한 도끼로
그녀의 문들은 넓어지고
방은 크게 되었다.
그리고 태양의 아들을 출산했다.[15]

　태양의 아들들(Gallabartnit) 혹은 사냥 아들들은 사미가 그들의 후손임을 추적하는 신화 인물들이다. 소녀가 여성이 되는 변태를 위해 곰 가죽의 선택은 곰의 신화에 의미가 있다. 이 시에서 언급된 둘째 가죽은 두 살의 암순록의 것으로, 이것은 종종 희생 제물에 사미가 선택한 순록이다.

　거인의 딸이 사미 여성이 되거나 혹은 인간이 되어 자식(태양의 아들)을 낳는 데 필요한 것은 상징적 병렬, 즉 두 경계 동물의 배합이다. 초자연적인 강한 숫곰과 젊고 새롭게 생식한 암순록이 제식의 힘을 소유하나 두 가죽을 두 동물의 상징적 재현으로 보아서는 안 된다. 사미 신앙에서 가죽은 살아 있는 생물의 몸-영혼을 가지고자 계속되며, 이것은 죽은 자의 뼈들이 여전히 영적 실체를 간직함이다.

---

15 On skin of bear and young reindeer doe

Bride is transformed to a Sami

Becomes a human in size.

And with an axe from her own chest

Her doors become wider

The room made larger.

To the sun's sons she then gave birth

(Gaski, 2003:101, translated by John Weinstock)

숲속의 신성한 곰과 방목지의 순록들. 멀리 유목 텐트가 보인다

태양의 딸 신화

사미 신화 중 곰 외에 순록은 도상과 제식에 중요하다. 스웨덴 라프족은 태양(biejjve/peive) 혹은 태양의 딸(bjejvve niejdda)의 선물로 야생순록을 받았다고 믿는다. 서사시 「Bjejvve niejdda」에서 태양의 딸에 관한 100개 이상의 신화 중 일부가 남아 있다. 태양의 딸이 죽음 후 무덤을 떠나 그녀의 순록 무리와 함께 영혼으로 방황한다.

> 그녀는 깨었을 때 보일 수 없으나, 잠잘 때 그녀와 그녀의 무리는 보인다. 그래서 태양의 딸을 발견하고, 키스로 그녀를 깨우는 동시에 포옹하는 자는 그녀와 그녀의 순록 무리를 얻을 것이다. 그러나 그들을 지키기 위해 그는 그 자신이 가치 있음을 보여야 하며, 게으르지 말고 태양의 딸이 상세하게 주는 지시들을 따라야 한다.[16]

---

16 When she is awake she cannot be seen, but when she sleeps both she and her herd are visible. The one who then discovers her, and embraces the Sun's daughter at the same time as he awakens her with a kiss, will acquire her and her reindeer herd. But to keep them he must show himself to be worthy – and not lazy, but follow the instructions that the Sun's daughter gives in every detail. (Gaski, 2003:80)

태양의 딸에 관한 스토리는 유토피아 신화의 시기에 모든 인간의 소유였던 부의 몫을 얻기 위해 가능하면 더 열심히 노력하여 좋은 생을 얻으라는 메시지이다. 이 신화처럼 태양의 딸은 루레와 남쪽 사미 지역에서 한여름과 한겨울에 수행되는 연중 제식, 혹은 문제가 생겼을 때 희생으로 명예롭게 되었다. 이 제식들은 18세기 초 기록되었다.

> 태양의 딸에게 하얀 염소가 희생되었는데, 그녀는 순록의 이익을 위해 좋은 날씨를 줄 것이며, 그리고 8월과 같은 더운 달 동안 머리의 약함을 도와줄 것이다.[17]

1727년 헨릭 포르부스는 기록하기를 희생 동물은 하얀 양이나 하얀 염소로 노르웨이 해안에서 산 것이다. 행사는 자작나무 가지로 태양 고리를 만들고 태양 죽을 먹는 것도 포함한다. 태양 그녀 자신은 눈을 녹이고 풀이 자라는 봄에 순록 새끼들이 태어났을 때 제식에 초점이 되었다.

태양의 아들과 항해 보트 신화

곰, 순록 가죽처럼 언급한 중앙사미의 서사시는 항해 보트에 관한 정보에 도움이 되었고, 여러 사미 단어가 항해에 사용되었다. 몇 단어는 건물이나 보트를 만들 때 연결되는 고대 사미의 관행에 유

---

17 To Beive Neid [Sun Maiden] a white goat is sacrificed so that she will give good weather for the reindeer's benefit; and so that she will help against the weakness of the head during the hot months, such as Augusts. (Sigvard Kildal, 1730, translated by Westman, 1997:37)

래하며 다른 것은 다른 언어에서 빌렸다. 태양의 아들을 사미의 땅
에서 거인의 나라로 운송한 것은 항해 보트였다.

> 바람은 항해를 붙잡는다.
> 보트는 앞으로 민다.
> 파도는 유동하는 힘을 주어
> 키와 키 손잡이를 돌린다.
> 남쪽 바람은 그룹을 안내하고
> 달 위의 길은
> 태양이 비치는 고리 위에 길을.[18]

사미 드럼에서 보트 이미지들(Manker, 1950)

---

18 The wind takes hold of the sails

Pushes the boat forward

The waves drive the floating craft

Rudder and tiller turn

The south wind guides the group

Way beyond the moon

Way beyond the sun's shining ring

(Gaski, 2003:95, translated by John Weinstock)

귀향한 태양의 아들은 거인의 딸인 신부와 산에서 채석한 금, 은의 결혼지참금을 가지고 온다. 돌아오는 길의 보트는 그녀의 남자 형제들에 의해 조정되었다. 거인의 딸이 사라카, 욱사카, 마데라카가 준 세 매듭을 하나씩 합치자 이 무속 주문들은 점차 바람의 힘을 증가시켰다. 그들은 남자 형제들에게서 도망갈 수 있었고, 갑자기 바람이 불어 돛대를 흔들어 돛을 파괴하였다. 세 보호자는 거인의 딸이 태양의 아들과 함께 바다를 건너게 도왔다. 시는 "그녀는 태양의 아들에게 자식을 낳아주었다."로 끝나며, 사미의 신화적 조상들의 기원을 설명한다. 복잡한 스토리에 풍부한 의미로 두운법과 은유적 의역이다.

정리하자면, (1) 동서쪽은 중요한 여행을 정의하고 남쪽은 도움의 방향이다. 태양 아들의 여행은 왼쪽 혹은 오른쪽으로 간 남쪽 바람의 도움으로 항해한 보트였다.

(2) 항해 보트는 경계와 관련된다. 바다 여행은 거의 일 년이라는 시간이 요구되며, 귀향에 바람과 폭풍의 위험(남자 형제도 포함)이 있다. 항해 보트는 다른 세계에 도착해 보물을 가지고 귀향하고자 경계 공간을 횡단하는 통로이다.

(3) 사미의 여성 조상들과 여성 신들은 강력한 중재자이다. 태양 아들이 거인의 나라에서 사미 고향으로 무사히 돌아오는 과정에서 활동적 파트너는 거인의 딸이다. 여행 시작은 그가 했지만, 그를 선택해 결혼하고, 그의 귀환 여행을 초자연의 힘으로 도운 것은 그녀이다.

(4) 산에서 채굴한 보석들은 여성 신들의 초자연적 세계와 연결된다. 경계 공간을 횡단함은 세 여성 신들의 도움 없이는 가능치 않다. 자연을 통제하는 마력의 주문을 거인의 딸에게 제공한 것은 여성 신들이다. 그녀가 하나씩 합한 세 매듭이 바람을 일으키는 것이

사진엽서에 묘사된 노르웨이 사미(Höegh, 1928)

다. 보석은 멀리 있는 산에서 발견되어 위험한 상황에서 노력을 들여 채석된다. 이것들을 고향으로 가져올 수 있는 것 또한 여성 신들의 도움이다.

므얀다스 신화

다른 중요한 사미 신화는 '므얀다스(Mjandasj)'로 콜라반도 동쪽에서 유래하며 1873년 첫 기록되었다. 여러 버전이 1920년 소비에트 민속학자 차르노루스키에 의해 알려졌다. 므얀다스 신화는 씨족 모임들에서 함께 음송되거나 노래로 불린 고대 사미 서사시의 잔재물로, 콜라반도에는 므얀다스에 희생물을 바치는 특수한 장소가 여전히 존재한다. 아카자우르 호수 가까이에 있는 여러 크기의 돌무더기 주위를 보면 순록의 뿔, 붉은 천과 진주, 조가비의 장식이 있다.

사미는 므얀다스에 순록 뿔을 바쳐 좋은 사냥을 기원했다. 호수 이름의 아카(akka)는 여신 아카/여노인이라는 뜻이다. 에르니트 (1999~2000)는 므얀다스 신화의 29개를 기록한 버전들에서, 22곳의 므얀다스 땅을 사미 조상의 땅으로 간주하였다. 드럼에 일반적으로 나누는 세 구역이 없는 원시 세계로, 므얀다스의 신화 세계에는 샤먼도 없다. 오직 므얀다스 세계와 인간 세계, 평행한 두 세계가 있다. 이 두 세계 사이에 피의 강(River of Blood) 므얀다스 강이 흐르며, 강의 물결은 폐로, 강의 돌은 간으로 만들어졌다. 이 두 세계는 므얀다스 신화의 문맥이다. 므얀다스 세계에 사는 자는 강을 건너기 쉽지만, 인간 세계에 사는 자는 어렵다. 강을 건너려면 무척 애를 써야 하며, 지혜와 교활로 강 흐름에 영향 끼친다.

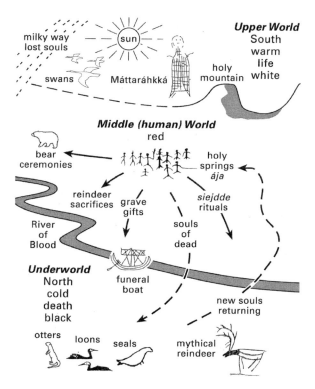

두 세계를 가르는 피의 강과 마데라카(Mulk & Baylis−Smith, 2006)

67

므얀다스 순록은 므얀다스 세계에서 황금 뿔을 가진 하얀 순록으로 인간 세계의 여성과 결혼을 원했다. 그의 어머니는 그를 도왔고, 실제 그녀 자신도 스토리의 다른 버전에서 암순록 모습을 택한 현명한 노인으로 뿔 가진 동물들과 희롱하다 임신하였다. 아들 므얀다스는 풀과 이끼 대신 사냥감으로 자랐다.

어머니는 아들을 결혼시키려 세 여자 형제 중 큰 동생을 보냈으나 그녀는 피의 강을 건너기에 실패했다. 그다음 보낸 중간 동생은 신성한 오리나무 껍질을 씹고 그 붉은 액을 강에 뱉으면서 노래 부르며 횡단했다. 므얀다스와 그녀는 결혼하여, 자식을 가졌고 행복하게 살았다. 그녀는 약속을 하나 지켜야 했는데, 이는 사미 거주지에서 순록 가죽이 인간 오줌으로 오염되지 않도록 하는 것이다. 만일 가죽이 젖으면 그것을 말리려 바깥에 걸지 않거나 다시 텐트에 대치하는 것이다.

아내의 주의와 노력에도, 하루는 순록 가죽이 오염되었고 므얀다스 순록(남편)은 동물로 돌아가 다시는 인간으로 시작할 수 없었다. 아내는 인간과 재혼했지만, 생존을 위한 충분한 동물 사냥이 어려웠다. 므얀다스 순록은 전 부인에 미안함을 느껴 그녀의 새 남편이 그를 활로 쏘아 죽도록 허락했고, 그들이 미래에 자족할 수 있도록 약속했다.

곰 신화처럼 이 스토리에서도 동물과 그가 차지하는 세계의 특징적인 태도를 볼 수 있다. 사냥꾼들은 그가 죽인 동물을 동등한 가치로 존경했고, 인간처럼 동물도 영혼을 가졌다고 믿었다. 이들은 신화와 제식을 통해 다른 실재와 세계를 화해한다. 사미 방목인들 역사에 기록된 가을 희생은 초기 사냥사회의 제식 관행이며, 므얀다스 신화에 재현된 것처럼 기원의 신앙에도 관련된다.

피를 상징하는 오리나무 껍질의 레드 컬러는 이 접근을 통제하며, 태양의 아들과 바다 여행을 위해 거인의 딸은 더 강한 바람이 필요했다.

> 그리고 그녀는 더 하나의 매듭을 풀었다.
> 오리나무 컬러의 세척된 천에
> 새롭게 폭풍이 보류하며
> 바다의 어린이들을 들어 올린다.[19]

콜라 사미의 므안다스가 중앙사미에 의해 태양의 아들(혹은 반대)로 변화되었는지 추측할 수 있다. 태양의 아들은 강 대신 바다를 건넜고 애써 가기보다 항해 보트를 사용했다. 그러나 그는 경계 위험들을 극복하려 여성과 초자연적 도움이 필요했다.

므안다스의 이코노그라피

므안다스에서 수 개의 주요 모티프는 시각화되었거나 그들 스스로 묘사한다. 그 예로 여자 형제들이 수달처럼 헤엄치며 강을 건너려 노력한다. 피노-우그릭 전통에 수달의 신화적 위치와 어울리는 모티프는 오네가 호수의 베속 노스(Besoc Nos)의 큰 수달 암석 조각이다.

므안다스를 제쳐놓고 이 신화에서 가장 중요한 주제들은 므안다스 어머니와 피의 강의 기원이다. 피의 강은 인간의 땅과 신화적인

---

19 Then she loosens one more knot

On the alder-coloured wash cloth.

Anew the storm takes hold

Lifts the sea's children.

(Gaski, 2003:100, translated by John Weinstock)

순록 땅을 분리한다. 또 죽음과 생명의 영역, 동반자와 조상들 사이의 경계 기능을 가진다. 타이미르반도의 느가나산스(Nganasans) 강들은 대지 어머니(Mother Earth)의 정맥으로 개념화, 므얀다스 어머니와 피의 강이 모든 것을 포함한 대지 어머니에 합병할 수 있는 상징적 수준을 제시한다.

오네가 호수 배속 노스의 수달(왼쪽), 메기(오른쪽), 의인화(중심)로 므얀다스 신화들에서 온 모습을 재현(Ernits, 1999)

나무 우상의 재구성으로 로크 아트에 아마도 '정신 배경'(Stolyar, 2000)
이미지와 우상들은 조상 영혼 제식에 사용

대지 어머니의 느가나산스 재현은 추상 기호가 아니고 한 실제 여성의 외관이다. 일부 러시아 학자는 콜라 지역과 오네가 호수의 암석 조각을 므얀다스 신화 모티프로 해석했다. 인간과 동물을 기록했던 알타에 가까운 암트만스네스(Amtmannsnes II)의 이미지들도 연구 중인데, 많은 순록과 함께 의인화된 두 조각의 크기와 모습이 특수 신과 여신을 각각 대표한다고 본다. 어떤 것은 임신했고, 머리에 순록 뿔처럼 생긴 것을 달고 춤추는 모습도 있다. 긴 지그재그 선은 아마 강들로 다른 모습과 연결한다. 헬스코그(1988)가 이 암석 표면을 인간 역사보다 종교의식을 묘사하는 신화적 사건으로 해석하는 반면, 쿠올욕(1993)은 왼쪽 큰 모습을 므얀다스 어머니가 피의 강을 따라 어린 순록을 출산하는 장면으로 본다.

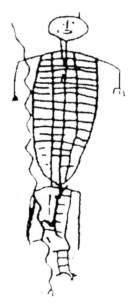

북노르웨이 알타 암트만스네스의 여성 의인화는 피의 강을 따라 순록을 출생하는 므얀다스의 어머니 (Kuoljok, 1993)

므얀다스 어머니=마데라카

태양의 아들로서 므얀다스 신화가 사냥 시기 사미 세계에 널리 알려졌고, 원시 중요성을 가진다면, 태양의 아들의 어머니는 기원의 모습이 된다. 대지 어머니의 상징으로 그녀는 초기 현대에 북스칸디나비아에 기록된 사미 신 중 마데라카와 같은 위치일 것이다. 실제 'Mjandasj'는 마데라카의 축소 단어로 언어상 연결된다. 신화에서 므얀다스를 출생한 오리지널 인간(순록)의 의인화된 모습으로 제시할 수 있다.

그녀가 므얀다스 어머니 혹은 마데라카 혹은 대지 어머니를 상징함에 상관없이, 어떤 경우에도 그녀는 종교 문맥에서 최고의 중요성을 가진다. 원래 마데라카는 모든 세계에 속하나, 주로 남쪽, 따뜻함, 생의 근원으로서 위 세계와 연관한다. '대지의 첫 어머니'로 복수성을 지니며 태양과 함께 생을 창조하는 우주력인 한편, 죽음의 여신 자브메아카가 되어 생명의 끝을 다스린다. 태양과 마데라카는 사미의 조상으로, 사미가 환생을 믿는 점을 제시한다. 마데라카의 다른 측면은 세 딸(사라카, 육사카, 욱사카)을 지상에 재현시켜 드럼에 자주 나타났다.

사미 드럼에 묘사된 마데라카의 세 딸(Manker, 1950)

그녀는 인간의 일상생활에 개입하는 능력도 있어, 1830년경 북핀란드의 사미 정보에 의하면, 잃어버린 물건을 되찾아주고, 숲에서 길 잃은 사람을 돕고, 귀머거리의 청력 혹은 맹인의 시력을 회복시킨다. 마데라카에 바치는 제물 몇몇에 역사적 증거가 있다. 평지에 만들어지는 제물 제단은 여러 크기로 3개의 부드러운 돌에 암야생순록, 숫염소, 숫양이다. 핀란드 북쪽 솜비오 타나요키의 구전은 마데라카에 무릎을 굽히며 부른 여자들의 노래를 전한다. 이 노래는 마데라카가 대지 어머니의 다른 특질을 노출한다.

어머니로 이전 나는
그리고 어머니에게 나는 오며
마데라카에 의해 나는 살았으며
마데라카의 영역에 나는 간다.[20]

마데라카의 이코노그라피

마데라카의 민속 연구에 비하여, 이코노그라피는 다소 드물다. 세 딸의 이미지가 17~18세기 드럼에 묘사되었으나, 이들의 신분 확인은 회고적이다. 대지 어머니는 민족학에서 묘사된 것 같지 않고, 그녀의 다양한 특질에도, 도상 의미를 제공하지 않는다.

북핀란드 사미가 믿는 것처럼, 어둠 속에서 볼 수 있는 마데라

---

20 From mother I am

and to mother I come

By Mattarakka I have lived

and to the realms of Mattrakka I go

(Fellman, 1906)

카의 능력이 1820년도에 기록되었다. 실제 어둠에서 보는 것은 여러 시베리아의 대지 어머니 모습으로, 에르니트(1992)는 베속 노스 암석 조각 사이에서 마데라카를 확인했다. 암석의 갈라진 틈에 두 다리를 벌린 매우 큰(2.46m) 의인화된 모습으로 출산하는 위치 같다. 그녀의 오른쪽 눈은 멀었으나, 왼쪽 눈은 지하 세계와 연결되어 있다.

울데비스 북쪽 아후스가르사의 산 사미 정착지에서 발견된 의인화 이미지로, 철기 바이킹 혹은 중세 시대 마데라카의 딸 육사카를 재현하는 것 같다(Mulk, 1985)

스톨야(2001)는 이 특수한 모습을 남성으로 가정한다. 이 암석은 신석기시대, 제식 중심지인 신성한 작은 숲에 의인화된 나무 우상들의 하나이다. 다른 우랄 지역은 현재까지 대지 어머니의 외관에 더 확실한 이미지를 보존했다. 칸티(Khanty)에 의인화한 여성 우상들은 신성한 지역 주변의 신성한 숲에서 자라는 삼나무를 자른 것이며, 여러 해 영혼들이 인형 우상들 안에 거주하는 것으로 생각되었다. 인형 조각가가 죽을 때, 옛 인형들은 이들의 대처용으로 잘린 삼나무 기슭에 남겨진다.

요르단(2001b)은 이런 식으로 영혼 순환이 인간, 동물, 영혼 세계를 연결하는데, 불멸의 지방 영혼은 오직 새 몸체를 받을 따름이다.

스칸디나비아
원주민 사미의
사회·문화·종교

FOUR

샤먼과 드럼

샤먼의 존재

샤먼은 영혼 부름, 광란, 형식을 갖춘 영혼 여행의 행위자로서 역할을 한다.[21]

(1) 치료자: 샤먼은 다른 세계에 가서 아픈 환자의 잃어버린 영혼을 회복하기 위해 광란 여행을 하며 영혼을 보존하는 죽음 세계의 여 통치자 자브메아카와 교섭한다.

(2) 죽음의 임대자: 샤먼은 순록 무리를 지키기 위해 지하 세계의 한 조상 영혼을 불러오는데, 한 병자의 영혼을 회복하는 것과 같은 방법이다.

(3) 예언자: 예언은 질병 원인의 진단에 사용하며 가벼운 광란을 통한다. 샤먼은 바다 아래나 지하 세계를 포함한 먼 장소들의 상태에 관한 정보를 밝혀 성공적인 사냥과 순록 사육을 준비케 한다. 무속영혼에 요청하여 미래 행사들을 결정함은 샤먼의 가벼운 광란이지만, 실제 예언은 드럼으로 광란 없이 누구에게도 가능하다. 드럼 위에 한 고리 같은 것을 놓고 해머를 두드리며 그 움직임을 주시한다.

(4) 제물 사제(예외적): 모든 샤먼이 제물을 바치는 사제가 아니다. 제물은 다른 무속 제식의 연속으로, 샤먼이 어려운 일로 불렸을 때 그는 영혼들이 제물을 요구하는지 결정, 이행한다.

(5) 사냥 마술사/예언자와 동물을 부리는 자: 이 역할은 보통 북

---

21 샤먼은 한국의 무당과 유사한 의미와 역할을 가진다.

쪽 사냥사회에서 이루어진다.

(6) 멀리 있는 물건 되찾기: 종종 샤먼이 광란 동안 먼 집에서 고리를 가져온다. 올라우스 마그누스는 북구인들의 역사 『Historia de gentibus septentrionalibus』(1555)에서 이 기술을 묘사했는데, 이것은 고대 이후 가장 인기 있는 민속설화가 되었다.

가족 수준의 조그만 공동체에서 행사한 샤먼은 남자이며, 여자는 그의 보조자이다. 시베리아 샤머니즘과 달리 사미 샤먼은 특수의상을 가지지 않는 점이 흥미롭다. 세계나무의 모델을 다른 세계와 소통을 전하는 데 사용하지 않았으며, 중앙아시아 무속 지역의 제물은 샤먼의 임무에 융화되지 않았다.

샤먼은 사미 수호신들에 의해 임명되고, 이들은 가족에서 세습받거나 구매로 얻는다. 한 샤먼이 죽으면, 그의 영혼은 그의 아들이나 가까운 친척에게 물려준다. 물려받은 자가 이 수호신들을 외면하면 그는 고통당하고 죽기도 한다. 이들을 받아들인 후, 샤먼 초보자는 이들에게서 은밀하게, 혹은 옛 샤먼에서 공공으로 그의 임무를 배

통구스 샤먼(Witzen, 1672)

아루군 강 지역의 화살 가진 샤먼
(Georgi, 1776)

옵 지역의 오스트약 샤먼 집회(Finsch, 1879)

운다. 공동체가 새 샤먼을 인정할 때 그의 시작을 뜻하는 개시 의식
이 있다. 샤먼은 세 종류의 영혼(Noaidegazzi)과 접촉해 죽은 자의 영역
인 사이보(남쪽 호수 Saivo, 북쪽 산 Passevarre)를 알게 된다. 의인화된 수호신
들은 신성한 영역에 살며 샤먼을 부르며, 그는 사이보 새를 보내어
상담을 부탁한다.

　여신은 샤먼이 영혼을 공격하거나 그의 사이보 순록이 다른 샤
먼과 싸울 때 물로써 그를 돕는다. 동물 형태의 영혼들은 새와 순록
으로 샤먼을 지하 세계로 안내하며, 사이보 물고기는 그의 광란 동
안 그의 생명을 지켜본다. 샤먼은 병자의 영혼들을 회복하려 자브
메아카에 제물을 약속하든지 혹은 그녀가 죽음을 알아채기 전 빨
리 영혼을 훔쳐 도망한다. 순록 무리의 보호자로 죽은 영혼도 챙겨
야 하는데, 그는 영혼이 그를 따르게 설득하며 제물을 약속하거나
그와 투쟁한다.

　　샤먼은 원하는 대로 변하는 기술을 가져, 자기의 몸을 떠나 바람
　　결로 혹은 야생순록으로 변신한다. 순록의 목 아래 숨는 능력도
　　있고, 나무 꼭대기를 날며 땅 아래도 여행한다. 물고기로 헤엄치

며, 바다 사미인들은 산도 움직일 수 있음을 말한다.[22]

올센(1910)의 기록에 의하면, 샤먼은 늑대나 곰으로 달리거나 다른 형태를 가진다. 배크만과 홀트크란츠(1978)의 정의는 이것이 보호자, 보조 영혼의 개념과 자유로운 영혼 개념이 쉽게 융화한 것을 뜻한다. 늑대나 곰 어느 것도 특수한 샤먼 역할을 하지 않아 올센의 진술은 샤먼의 마술적 힘으로 해석된다. 원하는 대로 모습을 바꿀 수 있음은 본질적인 샤먼보다 퇴화한 마법 개념을 반영한다.

원래 샤먼(Shaman, 사미어 Noaidi)은 시베리아와 터키-몽골 지역에서 활동한 토착 치료자로, 터키-퉁구스어 'Šamán(방법을 알고 있는 자)'으로 해석된다. 여러 기호를 소유, 이 의미들을 언어, 음악, 그림, 춤으로 나타낸다. 또 그가 사는 공동체 문화에 정통하며, 신임을 갖고 그의 참여자들이 이해하도록 행동한다. 공동체를 대신하여 죽은 자를 포함한 그의 영혼들과 연락하며, 이 중재 역할은 부적 같은 물건이나 상징을 통해 묘사되었다.

사미 종교관에 의하면, 세계는 초자연적인 힘을 가진 볼 수 없는 영혼들로 점령되었고, 그들은 신비한 힘을 소유하여 자연의 생물, 동물과 장소들을 방어한다. 모든 생물은 영혼과 신체의 이중성을 가져 물질세계와 함께 영혼세계 사이보가 있고, 완전함이 존재하는 천국 사이보에서 사미의 죽은 조상들이 계속 살고 있다.

성공적인 사냥과 낚시를 위해 사미는 보이지 않는 영혼들, 즉 암

---

22 The noaidi had the skill to reach this state at will. It is described in different ways. The Noaidi in a trance leaves the body and moves as a spirit or breath of wind. They have the ability to change into a wild reindeer or hide under the reindeer's neck or hoof; they may swim in the shape of a fish; and the Sea Sami recount they may even move mountains. (Lehtola, 2002)

석, 낭떠러지, 호수, 철새의 경로, 심지어 전체의 산을 숭배하며 상담과 조력을 구했다. 플라톤의 『Phaedrus』(c. 368 B.C.)에서 인간의 첫 예언은 참나무 단어이다. "진실을 말하는 참나무나 돌에서 들으라 (Listen to an oak or a stone, so long as it was telling the truth.)."로 이들에게 충분히 보상을 받았다.

제식은 신성한 영혼이 자연의 동식물을 보살핀다는 믿음이며, 사냥과 낚시 계절의 시작에 사미는 개인이나 공동 제식을 차렸다. 자연과 조화를 이루어, 신들이 거주하는 세계 개념과 연결된다.[23] 숭배나 제물 대상은 특징적 돌이나 암석, 절벽, 온천, 호수, 동물, 바람, 천둥으로 사냥과 낚시를 위한 제물 장소를 그들의 주거지역이나 신성한 산에 정했다. 이 자연 요소들은 특수한 신의 표명으로, 초자연적 세계를 얻을 수 있는 경계점이다. 자연의 힘을 악으로 취급하지 않아 인간은 이들과 좋은 관계를 유지하여 위험을 피하려면 제물 실천과 자연 세계의 법칙을 지킴이다. 인기 제물은 순록이며, 곰 사냥은 종교 축제에 사용하였다.

한마디로 샤먼은 영혼 세계, 특히 죽은 자 세계를 다루며 인간이 의존하는 자연에 재앙, 일상생활에 병과 문제, 마을이나 가족의 위기에 치료법을 찾는다. 병은 두 영혼이나 두 세계 간의 부조화이다. 이것을 회복하려 샤먼은 영혼 형태로 세계 축을 횡단하며 천상에서 지식과 힘을 얻어 현세로 돌아온다. 그의 영혼 세계 내부와 바깥 여행은 신체와 영혼 세계를 연결하는 드럼을 통해 가능하다. 사미

---

23 사미 세계관의 증거로 역사 출처와 신화 외에 드럼, 로크 아트, 제물용의 돌과 나무 우상의 물질 문화이다. 장소 이름은 사미 풍경의 신성함을 제공하며, 대부분은 한 장소의 자연적 특징 묘사이나, 종종 영혼 생기를 전달하고 조상들에게 관여한 곳이다.

의 전통 스토리와 노래들을 보존하는 샤먼은 의사, 예언자, 제물 의
식 행사자로 사회에서 필수 존재이다.

노르웨이 북트런더락 메로케의 드럼(Leem, 1767)

샤먼의 인지 지도

　　사미의 비문자 사회에서 스토리, 노래, 그림, 행위는 믿음을 기호로 기록하는 방법으로서 소통을 쉽게 하며, 이들의 적절한 배합은 문자보다 더 의미를 포함한다. 상징 표현은 추상적 아이디어를 만듦으로써 참여자의 경험으로 검증된다. 신화는 스토리, 시적 언어, 은유 등으로 과거의 문맥에서 현재를 설명하며 또 미래의 메시지를 전한다. 샤먼의 주술은 신들을 죽은 자에 가깝게 하여, 여러 표현의 주술은 그룹 문화의 치유 의식에서 참여자와 환자에게 신비스러운 사건의 신성함과 안전감을 동시에 부여했다.

　　제식용 드럼은 사미 세계관의 열쇠이다. 타원형으로, 세계를 세 영역으로 나누고, 최상위는 사미의 숭배 신, 중간은 인간, 최하위는 천국의 지하 세계로 조상이 산다. 드럼에 묘사된 모습들은 이 세 단계 사이에 샤먼의 자아 영혼(Ego-Soul) 여행을 위한 인지 지도이다. 샤머니즘의 순환적 세계 조망은 드럼의 타원 모양과 태양 중심의 모습에서 뚜렷하다. 계절 변형에 따라 매년 변화되는 제식이라 샤먼은 여러 면으로 드럼을 사용하고, 읽고 해석한다. 1723년 네러(Nærø) 마뉴스크립의 드럼 사용에 만테가자(1881)는 다음과 같이 설명했다.

> 모든 가족이 드럼을 가져, 중요한 일(여행, 낚시, 사냥) 전이나 병이 났을 때 사미는 드럼에서 충고를 얻었다. 더 심각한 경우 샤먼이 중재자로서 요청되었으나, 드럼은 보통 가족 우두머리에 의해

상의되었다. 여러 준비와 몸짓 후에 샤먼이 사용한 고리가 해머로 북을 친 드럼 위에 놓였는데 이 튀는 고리가 최종적으로 같은 모습에 멈추고 더 움직이지 않을 때이다. 고리가 멈춘 장소는 신들의 뜻을 나타내었다.

한 여행이 계획되었으면 아침이나 저녁 모습 위에 고리의 멈춤은 그가 출발해야 할 시간을 제시하였다. 물고기 모습에 고리가 멈추면 낚시 여행의 성공을 약속하였으나, 고리가 그 가장자리에 멈추면 물고기 신이 제물을 받아야 행운을 얻는다. 고리가 이 드럼 부분에 아예 들어가기를 거절하면 어떤 성공도 기대될 수 없다.

드럼은 사미의 오두막집 코테의 제일 성스러운 곳에 놓인다. 몇 다른 큰 재앙의 죽음 위기에서 여자는 드럼을 만지면 안 되고 드럼이 운송된 길을 따라 걸어서도 안 되었다.[24]

드럼은 보통 한 지역의 샤먼에 한정되었지만, 사미 가족의 가장도 예언을 위해 단순한 연습으로 드럼을 이용하였다. 만테가자의

---

24 To ask advice before any undertaking of some importance (a journey, a hunting or fishing trip) or in a case of illness, the Lapp consulted the runebom. It seems that every family had one, just as every Protestant family has a Bible. Only in the case of more serious matters the noaidi was asked to act as an intermediary; normally the runebom was consulted by the head of the family. After numerous preparations and gesticulations the vuorbe (the ring) was placed on the drum, which was then beaten with the wand until the bouncing ring finally stopped on some figure and refused to move away from it. The place where the ring had stopped revealed the will of the gods. If a journey was planned, the stopping of the ring on the sign of the morning or the evening indicated the time in which one had to set out. The ring which stopped in that part of the drum where a lek with fish was designed promised success for a fishing trip. If the ring stopped on the edge of that part, the god of the fishes would be propitious if he received an offering; but if it refused to enter into that part of the drum, no success could be expected. The runebom had a place of its own in the special sacred part of the hut. At the risk of death of some other great disaster no woman was allowed to touch it or even walk on the road along which the drum had been carried. (Mantegazza, 1881: 285ff)

순록 뿔로 만든 T 혹은 Y 모양의
드럼 해머와 고리

설명처럼, 그의 왼손에 드럼을 쥐고 오른손에 드럼 해머를, 그리고
금속 고리나 장식의 조그만 삼각형 순록 뼛조각 아르파(arpa)를 드럼
위에 놓고 그 움직임을 주시한다. 이 행동을 여러 가지로 추측하는
데, 어떤 방향으로 그의 그룹이 여행하며, 어디서 잃어버린 순록을
발견하고, 가축 방목장소를 결정할 수 있는지 등이다. 또한 어떻게
미끼 동물에서 그의 씨족을 보호하며 어떤 제물을 신이나 보호 영
혼들에 바쳐야 하는지 등도 포함한다. 그리고 드럼은 순록 도둑, 살
인과 다른 범죄의 처벌에 관해 신들의 의지 결정에도 사용되었다.
여전히 살아 있다고 가정되는 죽은 조상들도 그들 후손과 순록 무
리를 지킴에 이 행위를 같이 나눈다.

드럼 치는 샤먼과 그의 광란(Rheen, 1671, 1:2)

특히 샤먼은 자신의 드럼과 친밀한 관계를 맺어 종종 드럼을 만들었다. 유명한 샤먼은 많은 드럼 외에도 여러 강력한 보조 혼을 가졌다. 영혼 세계로 향한 샤먼의 여행은 드럼을 흔들면서 시작된다. 점차 더 빨리 드럼을 흔들며 마침내 광란에 들어갔을 때, 그는 땅에 쓰러지며 드럼이 그의 등 위에 놓인다. 꿈속에서 샤먼은 그의 보조 혼들을 만났으며, 아르파가 어떻게 움직이며 어디에 꽂히는지를 보고서야 그의 경험들을 통역했다. 현재까지 71개 보존된 드럼에서 14개 오세레 타입에 드럼 모습이 나타나며 남쪽처럼 북쪽 타입에도 보인다. 어떤 경우 원이나 타원 모습은 드럼으로 확실한 파악이 어렵다. 특징적으로 T 모양의 드럼 해머가 샤먼의 활동을 생생히 전달하고(44:40, 51:47), 드럼 31에 새겨진 비문은 단어 'nojd'을 제시한다.

아래 왼쪽부터 첫째(드럼 44:40), 셋째(드럼 51:47)

제식 장치로서 제물 제단은 종종 북쪽 드럼으로, 이 모습은 신의 존경과 신이 제물 제단을 안수했음을 뜻한다(58:3~4). 낚시와 제물 보트도 경제보다 제식에 속하여, 후자는 십자의 돛, 기가 달린 돛대와 짐으로 묘사된다.

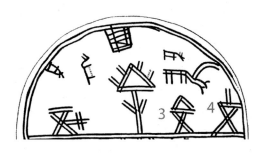

드럼 58의 3~4

사미의 영혼 제식으로 보존된 드럼에 관련된 최초의 언급은 이미 말했듯이, 라틴어로 적힌 『Historia Norwegiae』(c. 1150~1175)로 여기서 조그만 용기로 표현되었다. 이 역사기록은 샤머니즘과 지리적, 민족지적인 정보를 제공하며 사미에 관해 여러 페이지를 기록, 샤먼의 드럼과 '마술의 겨냥'에 실제 일어난 일을 보고했다.

거기에는 무식한 군중이 숭배한 예언자들이 있었다. 군중이 질문할 때마다 그들은 '간드(Gand)'라 부르는 어리석은 혼의 매체를 통하여 군중에게 여러 예언을 했고 이것들은 실현되었다. 더하여 그들은 매우 멀리 있으면서도 놀라운 방법으로 먼 곳에서 그들이 원하는 물건들을 끌어당겨, 기적적으로 이 숨긴 보배를 누설하였다.

한때, 무역하러 온 기독교인들이 몇몇 라프인과 함께 테이블에 앉았을 때, 그들의 여주인이 갑자기 앞으로 쓰러져 숨을 거두었다. 기독교인들은 이 재앙에 심히 비통했지만, 라프인들은 조금도 슬퍼하지 않고 오히려 이들에게 그녀는 죽지 않았고 단지 그녀 적들의 간드에 약탈당했으며 속히 그들이 그녀를 회복시킬 수 있다고 말했다.

그러고서 마술을 부리는 한 샤먼이 무서운 주문을 음송하려 준비한 헝겊 조각을 펴며, 그의 펼친 손들에 고래, 순록, 스키, 노를 가진 조그만 배의 그림으로 장식된 바이올린 같은 조그만 용기를 들어 올렸으며, 이것을 사용하며 악령의 혼이 높은 눈더미, 산 측면 그리고 깊은 호숫가에 여행할 수 있었다. 여기서 오랫동안 샤먼은 주술을 음송하고 이 용기와 함께 뛴 후, 땅에 평평하게 누우며 흑인처럼 전체가 검어지며, 미치광이처럼 입에 거품을 물었다. 그의 배 속이 찢어져, 그의 삶을 결국 포기하는 큰 고함을 쳤다.

그 후, 라프인들은 일어난 이 사건에 마법에 정통한 다른 마술 샤먼과 상의하였다. 이 마술사는 같은 방법으로 그의 임무를 행했으나, 이번에는 다른 결과로 나타났다. 여주인은 건강하게 일어났으며, 그러고서 마술사는 그들에게 죽은 샤먼이 다음 사고로 죽었음을 공개했다. 고래와 같은 모습을 한 샤먼의 간드는 적의 간드에 대항, 나쁜 운을 가졌을 때 호수를 통해 급히 쏘아졌고, 날카롭고 뾰족한 말뚝으로 변했다. 호수 깊이 숨겨진 이 말뚝은 격퇴하는 샤먼의 배를 찔렀으며, 이것은 여기에서 샤먼의 죽음으로 명시되었다. (4:13~23)[25]

---

25 Horum itaque intollerabilis perfidia uix cuiquam credibilis uidebitur, quantumue diabolice super-

sticionis in magica arte exerceant. Sunt namque quidam ex ipsis, qui quasi prophete a stolido uulgo uenerantur, quoniam per immundum spiritum, quem "gandum" uocitant, multis multa presagia, ut eueniunt, quandoque percunctati predicent. Et de longinquis prouinciis res concupiscibiles miro modo sibi alliciunt, nec non absconditos thesauros longe remoti mirifice produnt. Quadam uero uice dum christiani causa commercii apud Finnos ad mensam sedissent, illorum hospita subito inclinata expirauit. Vnde christianis multum dolentibus non mortuam, sed a gandis emulorum esse depredatam, sese illam cito adepturos ipsi Finni nichil contristati respondent. Tunc quidam magus extenso panno, sub quo se ad profanas ueneficas incantaciones prepararet, quoddam uasculum ad modum taratantarorum sursum erectis manibus extulit, cetinis atque ceruinis formulis cum loris et ondriolis nauicula eciam cum remis occupatum, quibus uehiculis per alta niuium et deuexa moncium uel profunda stagnorum ille diabolicus gandus uteretur. Cumque diutissime incantando tali apparatu ibi saltasset, humo tandem prostratus totus niger ut ethiops, spumans ora ut puta freneticus, preruptus uentrem uix aliquando cum maximo (fremore) emisit spiritum. Tum alterum in magica arte peritissimum consuluerunt, quid de utrisque actum sit. Qui simili modo, sed non eodem euentu suum implens officium – namque hospita sana surrexit – et defunctum magum tali euentu interisse eis intimauit: Gandum uidelicet eius in cetinam effigiem inmaginatum ostico gando in preacutas sudes transformato, dum per quoddam stagnum uelocissime prosiliret, malo omine obuiasse, quia in stagni eiusdem profundo sudes latitantes exacti uentrem perforabant. Quod et in mago domi mortuo apparuit. (Historia Norwegiae)

(번역) There are some who are worshipped by the ignorant masses as though they were prophets, since, whenever questioned, they will give many predictions to many folk through the medium of a foul spirit which they call gand, and these auguries come true. Furthermore they attract to themselves desirable objects from distant parts in an astounding fashion and miraculously reveal hidden treasures, even though they are situated a vast distance away. Once, when Christians who had come to trade had sat down at table with some Finns, their hostess fell forward all of a sudden and expired. While the Christians felt serious grief at this calamity, the Finns were not in the least saddened, but told them that the woman was not dead, merely pillaged by the gands of her adversaries, and that they could quickly restore her. Then a magician, spreading out a cloth under which he might prepare himself for intoning unholy sorcerers spells, raised aloft in his outstretched hands a small vessel similar to a riddle, decorated with tiny figures of whales, harnessed reindeer, skis, and even a miniature boat with oars; using these means of transport the demonic spirit was able to travel across tall snowdrifts, mountainsides and deep lakes. After chanting incantations for a very long time and leaping about there with this paraphernalia, he finally threw himself on the ground, black all over like a negro and foaming at the mouth as if he were mad; ripped across his stomach, with a mighty roar he eventually relinquished his life. Next they consulted another specialist in the magic arts as to what had happened in each case. This individual

1674년 세페루스의 『The History of Lapland(Lapponia)』에도 마법적 제식의 상징을 취급하는 장이 있다. 16세기 독일 종교개혁(Reformation)은 스칸디나비아에 루터 신교를 소개하였다. 사미는 기독교로 개종을 강요당했고, 교회는 샤먼의 처형과 드럼 폐지를 인솔했다. 샤먼의 제식 이행은 사악과 요술로 불렸고 조상숭배도 마찬가지였다. 교회법은 샤먼과 사미가 숭배하는 모든 것을 금지, 그들은 처형을 면하고자, 사미 가정에 가장 보편적인 드럼이 포기, 압수되었다. 1725년 오세레 마을시장에서 20개 이상 드럼이 수집되었고, 교회는 이 압수한 드럼 대부분을 불태웠으나 현재 71개가 남아 있다.

> 사미에게 드럼은 그들의 위협된 문화를 대표하고, 배타적인 기독교의 주장에 반대하는 저항, 그리고 전통가치를 보존하고자 하는 한 노력이다. 좋은 것은 간직되어야 한다. 반대로 기독교 당국에 있어 드럼은 배타적인 사회에 이교도 주의의 명백한 핵심으로 상징, 이 사악은 절멸시켜야 한다.[26]

---

went through all his practices in similar fashion, though with a different outcome: the hostess arose in sound health and then he revealed to them that the sorcerer had died in the following way: his gand, having taken on the likeness of a whale, was shooting rapidly through a lake when it had the misfortune to encounter a hostile gand, which had transformed itself into sharply pointed stakes; these stakes, hidden in the depths of the lake, penetrated the repulsed creature's belly, and this was also manifested by the death of the magician in the house. (Peter Fischer, 2003)

26 For the Sami, the drums represented their threatened culture, the resistance against the Christian claim to exclusiveness, and a striving to preserve traditional values – i.e. 'the good' that had to be saved. For the Church authorities, on the other hand, the drums symbolized the explicit nucleus of the elusive Sami 'paganism' – i.e. 'the evil' that had to be annihilated. (Ahlbäck & Bergman, 1991)

사미 종교의 강력하고 매우 현저한 부분으로, 드럼은 기독교인이
그들의 종교를 없애려 하는 시도의 주요 초점들의 하나였다. 그래
서 오래된 사미 드럼 대부분이 기독교 선교사들과 그들의 무장한
경호원에 의해 부서지고 불타게 되었다.[27]

이러한 역사적인 샤먼의 근절로, 오늘날 드럼의 의미들을 완전히
통독하기 어렵지만, 약간의 기호는 사미 생활을 보여주며, 자연과
조화에 그들의 바람을 반영한다. 빈번한 태양의 위치는 신과 인간
처럼 사미 전통에 중요성을 비추며, 순록이 최고의 인기동물이다.
일부 드럼에 나타난 비사미 상징은 기독교 드럼으로, 샤머니즘에서
기독교의 개종 시기 제작됨을 예시한다.

1980년 별의 지도에 가설이 생겼다. 솜마스터럼(1991)은 41개의
남쪽 드럼 중심부에 십자의 위치를 연구, 조디악(숫양, 처녀, 궁수) 원과
분리된 별자리(은하수, 페가수스, 오리온)가 드럼의 여러 기호의 위치에 영
향을 준다고 주장했다. 이 가설은 남쪽 드럼의 기본 패턴 이해에 새
가능성을 준다.

---

27 As a powerful and very visible part of the Sami religion, the drum was one of the main focuses of
the Christian attempts to eradicate their religion, so most of the older Sami drums have been crushed
or burnt by Christian missionaries and their armed escorts. (Jarving, 2004)

드럼의 속성과 분류

드럼은 나무와 가죽을 재료로 삼는다. 드럼의 얇은 막은 연마한 순록 가죽이며 그 위에 피와 유사한 오리나무 껍질을 씹어 만든 붉은 액으로 여러 기호를 새기거나 칠한다. 주의를 기울여 정성으로 만든 드럼은 심지어 150개의 기호를 가진다. 드럼의 척도기 아르파는 고리 모양이지만, 종종 물고기, 순록, 황소, 새의 재료도 선택되고, 조그만 그림을 가진 삼각형 뼈가 드럼 막 위에 놓인다.

현재 알려진 드럼들은 17~18세기의 것으로 이들 대부분이 수집되었을 때이다. 두 가지의 뚜렷한 분류는 드럼의 형태 구조와 장식으로 남쪽 지역의 프레임(Frame)과 북쪽의 보울(Bowl) 타입이다. 가장 오랜 프레임드럼은 원형으로 굽혀진 한 나무 조각으로 이것은 점차 남쪽에 대체되었고, 보울드럼이 우세한 북쪽에도 나타났다. 보울드럼은 프레임드럼에서 발전될 수 있었고, 쉬운 운송으로 더 널리 분포되었다.

프레임드럼은 보울드럼보다 더 크고 펼쳐진 타원형이다. 보울드럼은 더 둥글며 이것의 개개 마디 구조는 샤먼이 드럼을 조각할 수 있는 자유를 허락한다. 드럼의 이미지 기호들은 상징적으로 사미 세계를 대표하고, 태양 중심과 분활선의 두 장식 스타일이 두 드럼 타입에 응용되었다.

드럼의 출처에 대한 정확한 장소는 현존 드럼들에 적힌 숫자로 알 수 있지만, 각 타입의 분포는 사미 언어의 영역과 상통한다. 아

래 지도는 사미어의 역사 분포이며, 남아 있는 숫자와 드럼의 특징
을 설명한다. 출처는 기록하기를, 드럼은 케미(Kemi) 외에 다른 동쪽
사미 지역에 존재했으나 아무것도 남아 있지 않아, 구조와 디자인
이 확인되지 않는다.

프레임드럼 32

링프레임드럼 42   플렌지드럼 43   보울드럼 47

　기본으로 남쪽(South), 중앙(Central), 북쪽(North) 드럼이다. 남쪽 드럼
은 중심에 마름모 태양과 그 주위에 네 광선이며, 중요 모습이 광
선 위에, 나머지는 여러 곳에 분산된다. 북쪽 드럼은 3~4개 영역에
최상위는 영혼 세계, 최하위는 지하 세계이다. 이 도표는 분류에 두
대안을 제시, 단독 타입으로 구성된 열(남쪽/중앙/북쪽)이나 기둥(동쪽/서

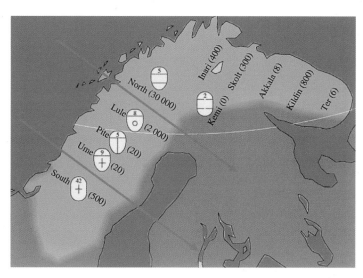

드럼의 지역 분류

드럼 장식 스타일

	구분 선에 간격 없음	간격 없음	간격 있음
3 이상의 열		북쪽/North(5)	케미/Kemi(2)
1~2열		루레/Lule(8)	
태양 십자 없음		피테/Pite(5)	
태양 십자	남쪽/South(42)	우메/Ume(9)	

쪽)으로 세운 쌍과 4개를 가진 중앙 분류이다. 남쪽 우메와 북쪽 케미 지역에 장식이 비슷하나 기둥의 분류가 더 호평 받는다. (1) 루레와 피테에 공유한 대부분 모습이 우메와 케미에도 보편하며, (2) 이세 가지 기둥은 다른 구조 타입과 상통한 탓이다.

프레임드럼: 남쪽 사미의 장식 스타일

남쪽 드럼은 주물로 만든 부목으로, 드럼 막은 기호를 새기거나 그림을 그리기 위해 털을 제거한 순록 가죽이다. 타원형에 약간의 부적이 뒷면에 걸려 있다. 중앙의 태양 십자와 가장자리에 끊어지지 않은 경로로 특징짓는 프레임드럼은 여러 영역을 나누는 수평선이 없다. 중요한 단독 모습이 태양 십자의 광선 안에 위치하며 작은 직선이나 다소 커브가 진 경로의 기본선을 가진다. 나머지 모습은 바깥 경로에 유동한다.

아래 광선의 말단은 종종 장식되며, 드럼이 예언용으로 사용될 때 황동 고리나 순록뿔을 놓는 출발 위치이다. 여기 나타나는 유일한 모습은 아이레케솔막으로서 십자로 지극히 단순화되었다. 드럼의 위 끝은 아래보다 다른 장식이다. 보편적 모습은 똑바로 선 자세로 기본선을 이루는 짧은 십자 막대의 신들로, 이들 각각의 모습에 어떤 우선권이 주어지지 않는다.

남쪽과 북쪽 드럼의 중재적 디자인이 루레드럼에 나타났다. 이것은 중앙 태양과 여러 영역으로 나뉘며, 북쪽처럼 보울드럼이다. 재료에 똑같은 구조에도, 동쪽으로 갈수록 드럼의 설명이 북쪽 드럼과 닮으며, 당대 사미 사회의 아이디어, 즉 두 세계, 생활, 인간, 동물, 신과 혼을 반영한다. 자연은 생의 기본으로 사미는 신들과 소통하며 영혼들의 좋은 면을 유지해야 한다.

플렌지프레임드럼: 케미 사미의 장식 스타일

케미드럼은 북쪽 드럼과 두 수평선을 공유한다. 플렌지프레임 (Flange Frame) 드럼으로 이것은 더 크고, 실제 가장 큰 프레임드럼이다. 크기는 종종 조그만 보울드럼에 부족한 가장자리를 허락하며, 가장자리와 수평선 사이 이중선이 나타난다. 이 두 드럼의 유일한 다른 점은 가장자리와 수평선이 중앙의 수직축을 교차하는 점에 중단함이다.

보울드럼: 우메, 피테, 루레와 북쪽 사미의 장식 스타일

북쪽 드럼은 둥근 모양으로 소나무, 전나무, 그리고 자작나무로 만들어졌다. 둥근 바닥의 두 평행한 구멍은 손잡이며, 나무 뒷면에 종종 격자 패턴이 발견된다. 태양에도 변하지 않는 순록 가죽이 새김과 칠을 위해 드럼 막으로 사용된다. 보울드럼은 더 작아져가는 위쪽과 더 커져가는 아래쪽의 스타일로 영역을 나누는 수평선으로 특징짓는다. 자주 셋 이상의 신이 여기 있고, 순록과 함께 펼쳐 주요 거주지는 위 가장자리이다. 이 기본 분류에서 4개의 재분화 타입을 구별함은 아래 분야이다.[28]

우메드럼은 이웃의 남쪽 드럼처럼 태양 십자를 가진다. 피테드럼은 한 중앙 수직 분할 선에, 대략 같은 크기로 세 영역으로 나뉜다. 루레드럼은 아래 분야에 태양을 중심으로 하나, 십자보다 원형이다. 북쪽 드럼은 거의 같은 크기의 세 열로 전체에 걸친 두 수평선이다. 예를 들면 핀마르크의 북쪽 드럼71은 그 자체의 재분화인지,

---

28 ⊕ 남쪽 ⊖ 북쪽 ⓞ 루레 ⊤ 피테 ⊕ 우메 ⹀ 케미

위와 중앙 부분을 다섯 열로 만들고 수평선으로 더 분류하였다. 지나친 단순함에도 위는 신의 영역을, 아래는 인간 세계를 제시한다. 지하 세계는 별도의 이 북쪽 드럼에서 아래 열로 대표되었지만, 다른 드럼들은 바깥 가장자리 아랫부분에 한정된 지역이다.

상징의 의미

　　상징(symbol)은 알려지지 않은 것과 소통하는 비언어적인 이미지로, 인간 의식을 통한 깨달음으로 이것을 단어로 해석하고 공식화한다. 한정된 인간의 정신력에 많은 것이 기존 틀에 박혔으나, 시와 종교 서술이 연설, 은유, 비유를 통하듯이 상징은 언어나 다른 기호(sign)로 전달될 수 있다. 상징에는 대체물이 없어, 어떤 대상은 확실히 이해되지 않으며, 생의 의식과 무의식의 것은 더 힘들다. 상징의 인식과 이해는 정신활동을 하는 인간에게 무시되었으나 이 태도가 바뀌며 이것의 중요성이 실현되기 시작한다. 이 점에 이미지와 상징 표현의 예술은 큰 역할을 한다.

　인류 역사를 통해 인간은 모든 대상물에 숨겨진 의미를 추론하고 그 해석을 찾았다. 그 표현 내용이 더 미적일수록 그 상징적 진가는 숭배 가치를 강화해, 추상(abstraction) 개념은 인간 정신 활동에 거주해왔고 이 감소한 형태는 명상과 신비로움으로 일반 묘사보다 더 기억에 남았다. 예를 들어 기호의 기본 형태로서 단순히 묶은 두 나뭇가지는 십자가 예수를 의미하고, 실 매듭과 미로는 완성을 향한 길이다. 힌두-불교 만다라는 니르바나(Nirvana)에 도달하는 표시이며, 크레테 섬 미노타우르(Minotaur)의 미로 은신처는 기독교 순례자가 죄 사함 받을 때까지 회개의 최종 행위로 중세기 순례 성당 안에 세워졌다.

아마 청동기시대로 미로를 표현한 로크 아트, 스페인 갈리시아
마이스

  날아다니는 새는 천상과 지상을 연결하고 신비로운 믿음을 불러
오며, 단순한 뱀은 생과 죽음의 역할로 재생과 불멸을 함축한다. 동
물도 영성과 우주의 특성으로 인간 영혼에 뿌리박혀, 이집트 신의
동물 머리, 아시리아 농업 신 니스로의 독수리, 힌두 신 코끼리, 아
즈텍 신 뱀, 히브리 엘의 황소로 나타난다. 예수는 '하나님의 양(the
Lamb of God)'으로 묘사되었고, 성령은 아래로 향한 비둘기로 시각화
하였다. 미적 감각으로 풍부한 형태와 화려한 컬러의 식물도 상징
을 이루어, 신성한 로투스꽃은 물속의 텅 빔에서 발생하는 생명을
구체화한다. 나무뿌리는 신비한 대지 속에 확고히 고착되고, 줄기
는 세계 축을, 그리고 가지는 천상을 나타낸다. 생존을 위해 나무에
인간 의존은 '생의 나무(Tree of Life)' 개념을 만들며 나무의 긴 생명은
조상숭배로 이끌었다.
  인간 모습은 우주의 신비와 종교 척도로 사용되어 고대 그리스
신은 인간이었다. 힌두 비슈누의 발바닥은 형이상학적인 힘의 구역

이며 붓다의 언어들은 그의 손의 다양한 위치로 표시된다. 또 무기의 기호는 죽음으로써, 천둥과 번개를 상징하는 해머는 파괴와 생명을 잉태하는 힘, 그리고 폭풍과 비는 신성한 힘으로 인간 마음속에 나타났다.

인간은 그가 사는 주위공간을 이해하려 둥근 천정의 하늘과 땅 사이를 규명해왔다. 이 공간 경험은 십자 기호를 통하여 위/아래 혹은 왼쪽/오른쪽으로 구분하였고, 우주의 근원에 관한 신화를 만들며 상징을 개발하였다. 십자의 그래픽 연상과 인간 윤곽의 유사성은 기독교 신앙의 상징으로 소개되었고, 십자의 대칭과 네 자유로운 획은 장식, 문장, 식별 등의 중세기 응용 분야에 기초를 마련하였다.

십자는 능동, 수동 원칙을 통합한다. 직선 십자가 정적이고 고착된 표현에 반해 이것의 부서진 선 끝은 회전의 움직임이다. 이미 선사시대 드로잉들에서 발견된 산스크리트어 스와스티카(Swastika)는 '복리, 평안'의 뜻으로 고대 중국인은 이것의 왼쪽 회전을 행운, 반대 방향을 불운으로 해석했다. 스와스티카는 굽힘, 커브, 나선형의 세 이미지를 줄기(성장), 파도(물), 고리(아름다움)로 각각 변화한다. 나선형은 회전과 동요를 이루며 태양의 기호로서 생의 맥박과 주기성을 상징하여, 태양 의식은 인간에게 가장 오래된 축제이다. 스칸디나비아의 한여름 밤(Midnight Summer) 축제는 일 년에서 가장 긴 날의 평안을 위하며, 다가오는 날짜들의 단축에도 새로운 일 년 주기가 시작되리라는 희망 축하이다.

원시 도구의 자르기와 굽힘의 한정된 사용이 기호의 표현을 기하적으로 감소시켰지만 현재까지 전통을 유지한 예가 있다. 말레이반도의 장식적인 마술 대나무는 생을 뜻하여 가장 아래는 강, 그 다음 언덕선, 식물 줄기, 잎, 가지, 그리고 가장 위는 구름 혹은 하늘

이다. 약 기원전 3,000년 수메리아 장식 세라믹은 상징과 마술로서
가장자리 패턴은 비로 하늘을, 중간 바둑무늬 원은 태양, 그리고 물
결 부분은 바다를 표현한다. 신비한 새들이 태양 주위를 날고 광활
한 광선이 초자연적인 힘을 표시한다.

수메리아의 세라믹

　추상 기호는 직선과 곡선의 복잡한 조립이다. 사각의 네 동등한
면이나 일정한 반경, 삼각의 통합으로 인간이 부착하는 대상물의
숨겨진 의미 전달에 지배적인 수단이다. 사미 드럼에 나타나는 기
호들이 이것을 증명한다.

드럼 상징 기호의 해석

　　　　나폴스킥(1992)은 핀-우그르 그룹이 공유하는 세계 이미지와 은유의 분석을 세 단계로 재구성했다. (1) 위 세계: 남쪽, 늙은 여자/대지의 어머니, 태양, 백조, (2) 중간 세계: 인간이 사는 곳, (3) 지하 세계: 북쪽, 강들 입구, 아비 물새이다. 그러나 17세기 순록 사육이 시작되기 전, 사미는 (1) 위 세계: 남쪽, 따뜻함, 생명, 화이트, 태양, 대지의 어머니 마데라카 여신, (2) 중간 세계: 인간, 동물, 신성한 산과 온천, 제물, 레드, 마데라카의 세 딸, (3) 지하 세계: 북쪽, 추움, 죽음, 블랙, 수달, 아비 물새와 바다표범으로 분류하였다.

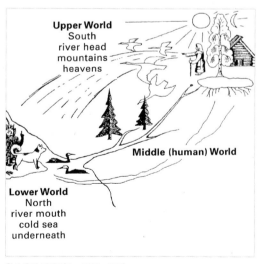

원시 우랄 세계관(Napolskikh, 1992)

더하여 사미는 구두로 전한 시와 산문의 풍부한 전통으로 그들의 세계관을 충분히 알리는 신화를 만들었고, 이 자료의 파편들은 19세기 민속학자의 연구로 살아남았다. 신화에서 영적 세계는 항상 인간 세계에 존재하며 산 자와 죽은 자, 눈에 보이는 것과 안 보이는 것, 그리고 인간과 동식물 사이에 날카로운 구별이 없다고 전한다. 인간은 동물보다 더 우월한 존재도 아니고, 동물도 자신의 생명, 내세, 영혼을 가진다. 인간과 동물은 상호 관계로 동물이 인간이 되고, 남자, 여자, 어린이가 동물로 돌아간다.

예를 들어 콜라 사미는 오직 동물 특징에 관한 스토리를 가지며, 동물이 자주 인간과 함께 일하고, 인간이 곰, 늑대, 야생순록으로 변신한다. 이 실제를 인정하는 것은 사냥과 동물 도살을 영혼적으로 하는 제식에 둘러싸임이다. 홀트크란츠(1965)의 정의는 사미에게 실제 동물과 영혼 동물의 경계선이 매우 유동적이다. 모든 살아 있는 창조물은 정신세계에 포함되어 새, 파충류, 물고기 외에도 포유동물인 순록, 수달, 엘크, 곰 등이다. 사미는 곰이 주의해야 하는 창조물로 특수 지위를 누리며 인간 세계와 초자연 세계의 경계를 횡단한다고 믿는다. 도살할 동물도 인간처럼 영혼을 가지므로 사냥꾼은 인간과 동등한 가치를 두고 동물을 대한다.

17~18세기 노르웨이-스웨덴 스토리에 의하면 신들은 서쪽 사미에게 가장 중요하지만, 특징적인 태양신을 제외하고 여러 신을 파악하기가 쉽지 않다. 중앙과 북쪽 드럼은 신들의 열로 분별한다. 드럼 오른쪽에 배치된 신과 혼들은 남쪽과 중앙 드럼들에 있고 핀란드의 것에는 적다. 또 같은 신이라도 장소에 따라 다른 이름으로 불려 지방적 변형을 가진다.

태양신 파이베(Peive)

위 세계에 속하는 태양은 대지의 어머니이다. 사미 세계관에 태양은 여성이고, 어머니 아카(Akka)로 생의 창조를 담당한다. 1670년경 룬디우스는 사미에게 태양은 '모든 창조물의 어머니'라고 표현했는데, 드럼에서 천상의 신과 여신들 사이 태양을 배치했다. 사미에게 제일 중요한 태양은 순록을 보호한다.

보존한 드럼들에 거의 발견되는데 남쪽 드럼, 특히 오세레 타입에서 광범위한 태양 복합체는 마름모에 네 광선을 펼치며 생생한 이미지로 지배적이다(1:1). 혹은 태양은 조그만 사각으로 감소하고 네 광선이 이번에는 이중선 위에 펼쳐진다(2:1).

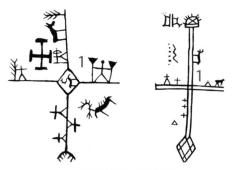

태양과 네 광선. 드럼 1:1, 2:1

오세레 타입의 북쪽 드럼에서 마름모와 네 광선은 점차 변성, 해체, 소멸되고, 비규칙 사각이나 둥근 형으로 나타난다(16:1, 36:1). 특히 루레 타입과 북쪽 지역에는 많은 변화가 일어나 둥근 태양으로 대부분 교체된다. 여러 신의 모습과 다른 태양이 한 드럼에서 의인화되었다. 세 점은 입과 눈을 형상화한 것이겠지만, 아마도 다른 상징이 내포하는 것 같다(42:1). 태양은 한 개인화된 신이 아니고 비인격적 힘을 지닌다.

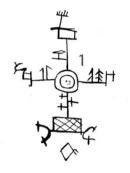

드럼 16:1, 36:1, 42:1

　태양 핵심에 나타나는 순록의 원래 의미를 설명할 수 없다. 태양
과 주위 모습들을 고려하면 순록은 제물이지만, 순록과 태양 간의
마법적 연결을 상상시켜 행운을 뜻하기도 한다. 유사한 마법 관계
가 태양과 인간에도 추구된다(17:1, 29:1). 후자는 순록도 포함한다. 둥
근 태양에 불확실한 새 모습은 마법적 사냥 모티프일 것이다(63:12).
그리고 광선 위의 여러 모습은 신화적 신과 다른 모습으로 강조된
다. 날씨의 신들로 천둥 신 호라갈레스, 바람 신 비에그올마이, 바
람의 유무를 막론하고 엘크나 순록으로 종종 대표되는 사냥 신 레
이브올마이, 신성한 아이레케솔막 셋이다.

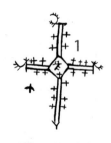

드럼 17:1, 29:1, 63:12

태양을 중심으로 하는 것에는 이유가 있다. 태양은 세계 기둥의 일부로 하늘의 신과 인간 모두에게 일어난다. 이 기둥 아래의 선은 산 자와 죽은 자의 공간 경계선이다. 생과 죽음 사이는 세상의 모든 것이 위아래로 바뀐 지하의 죽음 세계 자브메아이모로서, 샤먼은 꿈이나 초자연적 힘으로 그곳을 방황할 수 있다. 드럼 막은 세 영역의 세계관(Weltanchaung)인 천상의 신, 인간, 세계가 거꾸로 된 자브메아이모를 나타낸다. 이들은 태양을 중심으로 한 기둥으로 연결되며 신, 인간, 동물, 다른 모습이 이것을 향해 대칭적으로 구성되고 둘러싸인다. 타원형의 드럼 구조에서 나타나는 모습 위치는 생의 순환적 견해를 제시한다.

실제 사미 생활의 경제와 문화는 태양에 의존된다. 계절의 변화도 북극과 가까운 쪽에서는 아주 심하다. 겨울에는 태양이 뜨지 않고, 여름은 해가 지지 않는 기간이 몇 달씩 계속되어, 사미의 대부분은 최근까지도 동물과 함께 한 장소에서 다른 장소로 매년 움직이는 유목민, 반유목민이었다. 주로 사냥과 낚시 그리고 사육을 통해 엘크, 순록, 연어, 숭어 등을 얻는다.

태양과 자연의 여러 신에게 기도하는 사미(Magnus, 1555)

사미는 항상 여름과 겨울, 마을에 정착하며 여름, 가을, 겨울, 봄 거주지인 코테는 그들의 조합된 경제제도를 위해 준비된다. 망케 (1963)는 이들을 '여덟 계절 인간'[29]이라 불렀다. 사미 지역은 광활하여 여덟 계절의 날짜는 지역마다 다르며 각 그룹의 자원과 경제, 문화도 여기에 의존한다. 스웨덴 라플란드의 피테와 토리노 사이에도 계절이 다르다. 계절 순환은 매년 유목생활을 고려해 계절 활동인 낚시, 사냥, 순록 사육, 열매 따기 등의 시작과 끝남이다. 사회, 문화, 종교, 개인 생활도 계절 리듬에 따르며, 남녀 구혼이 초여름에, 거의 모든 어린이가 늦은 겨울에 태어난다. 물론 종교 달력은 이 순환에 적합하며, 이 변화는 일상 활동과 틀에 박힌 일에 다소 기능적 리듬을 불러왔다.

드럼 39

종교 생활의 최고 계절은 태양 관찰에 따르는데, 시간개념은 선(linear)이 아니고 순환(cyclic)이다. 겨울은 10월 14일, 여름은 4월 14일에 시작되고, 한겨울은 1월 13일, 한여름은 7월 13일이다. 경제 문화적으로 일 년을 겨울과 여름으로 나눈다. 그리고 기독교 이전과 기독교 시기의 종교활동으로 분류하는 것이 타당하다. 거의 모든 사미가 정식으로 기독교 세례를 받지만, 샤머니즘에서 유래한 기능들이 이들 세계

29 겨울(12~2, 3월), 봄-겨울(3~4, 5월), 봄(5~6월), 봄-여름(6월 중순~7월 초순), 여름(7월), 여름(8월), 가을(9 월~10월 15일), 겨울(10월 15일~12월 23일)으로 정확한 날짜에 다소 차이가 있다.

관의 일부로 남아 있다.

태양이 드럼의 중심에 위치함은 몇 학자의 추정처럼 태양신을 숭배했기 때문 만이 아니다. 드럼이 네 계절을 통해 여러 방법으로 읽히고 해석함으로써 더 다양한 해석이 가능해진다. 샤먼은 민속문화 외에도 세계 근원에 관한 신화도 알아야 했고, 신화의 시간개념은 순환이라, 사회, 문화, 개인 위기가 일어날 때마다 초기의 시간이 재차 불려왔다.

드럼 39는 순환 세계관을 묘사한다. 여덟 계절과 여덟 방향이 드럼의 중심에 뚜렷하다. 신, 인간, 동물, 교회, 무덤은 대칭적으로 드럼 중심을 향해 구성되었다. 이 종류의 드럼은 다른 계절에는 다른 방향으로 읽히고 해석된다. 루레 드럼에는 태양이 중심이고 아카 여신들이 위 영역에서 별과 달을 동반한다. 아래쪽은 신성한 모습이나 의인화되었다. 각 모습은 자체의 기호를 가져, 샤먼은 그 기호를 익히고 대중의 요구에 따라 그것을 해독하고 행동한다.

천둥 신 호라갈레스(Horagalles)

사미에게 특수한 신들의 하나는 천둥을 인격화한 천둥 신으로, 전 사미 지역에 발생하는 자연현상에 기인한다. 자연의 비옥에도 역시 참여하는 천둥 신은 강하고 난폭하며 날씨를 통제한다. 남쪽에서는 '옛 천둥'으로 해석, 드럼에서 태양의 왼쪽 광선에 배치되었다. 북쪽 지역에서는 사미어로 '티에르메스(Tiermes)'로 불리며 드럼의 위 영역 신들 아래이다.

천둥 신은 단순하고 개략적인 인간으로 재현되고, 보통 한 손에 이중 해머/십자 해머를, 다른 손에 도끼, 해머, 막대 같은 것을 쥔다. 십자 해머와 인간의 배합이다(32:4). 종종 천둥 신 머리 위에 영

티에르메스에게 바치는 제물 제식

광을 뜻하는 모습도 있으며, 그의 옆이나 광선 하부의 상응하는 곳
에 그의 순록이 자주 보인다. 또 옆의 작은 인간은 그의 보조자나
하인이다.

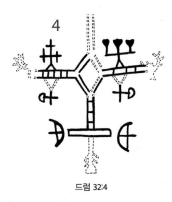

드럼 32:4

리엔(1671)은 양손에 한 해머와 그 옆에 작은 모습에 '토르(Thor)'
와 '하인'이라 칭했다. 란둘프(1723)에 의하면, 중요한 우상 신 '호라

(Hora) 갈레스(Galles)', 즉 호라갈레스(Horagalles)는 고대 노르웨이에서 이교도신 토르이다. 한 손에 해머를 다른 손에 십자 해머를 가진 이 우상은 특별히 숭배되었다. 천둥이 칠 때, 그는 한 손의 해머로 자신뿐만 아니라 순록도 해치지 않게 하려고 천둥과 번개를 되돌려 보냈다. 그를 화나게 한 자들에게 천둥과 번개를 원할 때는 다른 손의 해머로 천둥과 번개를 불러왔다. 호라갈레스는 사악한 데몬이며, 그의 두 해머를 바람 신 비에그올마이의 두 삽으로 비교하였다.

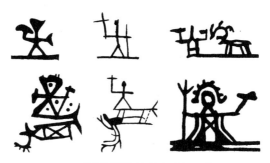

천둥 신 호라갈레스/티에르메스

이 두 속성이 올릭(1905)에 의하면 해머 한 쌍의 아이디어는 바이킹 시대 토르 이미지의 에다(Edda) 신화와 낯설다. 그러나 주어진 모델로서 토르의 해머를 고려하며, 사미가 호라갈레스에 제물 종류를 설명하고자 이중 해머를 시도하였다. 프리스(1871)는 주장하기를, '천둥 신의 개' 모습을 보존한 드럼이 없고, 개 모습의 위치에 순록이 제물이나 천둥 신의 순록으로 나타난다.

바이킹의 토르 신 해머[30]

바이킹은 오딘을 모든 신의 최고로 위치시켰으나 11세기 앵글로–색슨은 이 교도 신 토르를 언급, 당시 이교도인 바이킹 침략자에 기초를 둔다. 또 독일 연대가 브레멘의 아담은 웁살라 신전의 신 이미지들을 묘사, 가장 강한 신을 토르로 묘사했다. 시인 에길 스칼라그림(Ergil Skallagrim)이 왕 에릭 블로드악 스를 노르웨이에서 추방하려 신들을 불렀을 때 그는 토르에게 호소한 것으로 간주한다.

신의 어휘가 토르를 의미하는 몇 가지 증명이 있다. 아이슬란드 정착 시기 이교도 법에 관한 마뉴스크립 설명에서 프레이(Frey), 노르드(Njord) 그리고 위대한 신을 맹세함이다. 토르의 보호 역할은 스노리의 산문시 에다에 지배적 이다. 신들은 토르가 없이는 취약하다. 심지어 토르에게 해머가 없어 약해졌 을 때조차도 그러하다.

10세기 스웨덴 스코네 지방에서 만든 스타일화한 토르의 해머 부적; 잉글랜드 쿰부리아 고스포스 에 묘사된 비슷한 낚시 장면

---

30 저자의 『바이킹 시대의 탄생과 업적』(2017) 참조.

탐색에 관한 에다 시들에서 토르가 그의 잃어버린 해머를 다시 찾는 여행은 유쾌한 희극이다. 신들의 적으로서 거인들이 훔친 토르의 해머는 오직 프레야를 거인들 왕의 신부로 데려올 때 돌려줄 수가 있다. 토르의 인기성은 여러 방면에 나타난다. 바이킹은 이 이름을 해외 식민지로 가져가서 그들의 새 정착지에 장소 이름으로 빛나게 했다. 아이슬란드는 토르의 이름이 담긴 여러 항구를 가지며, 한편 노르웨이인 이름은 토르본, 토르센 등등 토르의 이름을 지닌다.

토르의 전설을 기억함은 전투를 새긴 돌로, 그는 해머를 돌려 거인의 투쟁에서 이긴 위대한 영웅이다. 뱀 미드가르드솜(Midgardsorm)과 여러 번 만났고 세계 끝에서 그리고 신들의 최후 심판에 죽일 것이다. 에다 산문과 시에 토르가 도끼머리로 그의 낚시 갈고리에 미끼를 달고 그의 밧줄로 세계 뱀을 잡았다. 전설 인기로 스웨덴의 알투나와 잉글랜드 고스포스까지 멀리 새긴 돌들에 나타났다. 토르는 기독교 전도 사업의 긴 시기, 이교도에 여전히 중요했다.

죽음 신 로타(Rota)

드럼의 오른쪽 위에 나타나는 로타는 강한 힘을 소유하며 무서운 모습으로 병과 죽음을 동반, 죽음 세계에 도달하기 위해 제물로 말을 요구한다. 사미에게 최고의 신 라디엔이 도울 수 없는 병과 질병이 생기면, 죽음 세계를 통치하는 여 통치자 자브메아카(Jabmeakka)를 달래면 치료가 된다. 그러나 실제 로타의 제물은 사미의 생활이 평화롭고 사냥과 낚시, 순록의 좋은 목초지를 찾는 바람도 포함된다.

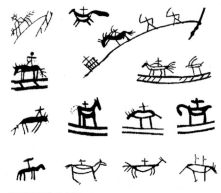

말 위의 죽음 신 로타

초기 출처에 말 타는 로타를 확증하는 풍부한 재료가 발견된다. 란둘프는 말을 'Sturich'라 칭하며, 이는 'Stuorek'의 변형으로 '위대함'이란 뜻이다. 특히 바다 지역에 사는 가난한 사미는 말고기를 얻어야 한다. 스캉케 예셴(1728~1730)은 병과 죽음의 데몬은 '로타, 사악 혼'이며, 로타에 제공하는 말로 그는 이것을 타고 그가 사는 로타아이모로 달린다. 우테리우스(1763)의 출처를 따르면, 로타의 특징은 죽음과 질병이지만 말과는 관련이 없다. 오직 짐차를 끄는 동물이다. 그 후 로타에 관해 더 연구되어 프리스는 주저하지 않고 그의 드럼에 '로타와 제물 말'로 단정하였다.

로타는 남쪽에서 종종 'Rulu'로 칭한다. 말 탄 모습은 고대스칸 디나비아의 신화 오딘(Odin)과 그의 여덟 다리를 가진 말 슬라이프네르(Sleipner)가 연상된다. 오딘은 블루 외투를 입은 죽음의 신이며, 말 제물은 고대 풍속에서 동물의 질병을 막기 위해 생물을 매장한 점에서 유래한다. 시베리아 드럼에 말이 나타나며 말 제물은 이곳 민속에도 있다. 이름 로타는 오딘의 명예 이름 'Drottinn'에서 추출한 것 같다. 어쨌든 매우 깊은 땅 아래가 로타의 거처지이며 신들의 뜻에 살지 않았던 사미가 오는 곳이다. 자브메아이모에서 이들은 어느 정도 머무르나 로타아이모에 온 인간은 나오지 못하고 지옥처럼 고문당한다.

사미는 믿기를, 로타가 병과 질병을 인간과 순록에게 가져와, 제물로 한 죽은 말을 땅에 두면 그는 가는 길에 질병에게 함께 떠나기를 설득, 병자는 회복되며 건강해진다. 제물 음식은 숲의 여러 곳에 동물 피를 뿌려 신들에게 영광을 돌리거나, 아름답게 조각한 제물 제단에, 혀, 허파, 귀, 심장, 꼬리와 뼈를 놓는다. 신들의 우상은 인간 모습으로 만들어진다. 병은 동물로 변한 신이라서, 신은 뼈와 고기를 필요로 한다는 믿음 때문이다. 또 코테 뒤에 세운 특수한 제단 루오베에 자작나무 가지와 제물을 놓는데 이 모습은 여러 드럼에서 볼 수 있다.

로타는 정면에 단순한 윤곽으로 그려졌고 팔, 다리를 가져 인간처럼 보인다(1:30~32). 묘지로 달리는 로타 뒤에 그를 쫓아내는 두 인간의 공격은 말을 제물로 바침이다. 여기서 로타의 말은 특징이 없고 마치 순록 모습에 날카로운 눈을 가진다. 로타 말 등 위에 십자는 작고 중요치 않으나 죽음 기호로서 로타에게 제물을 바치는 것 같다(4:35). 이것은 북쪽 풍습에 남아 있는 십자를 상기시키는데 죽

은 자의 초상이다. 로타의 머리는 오직 이 드럼에서 영광의 가지를
가진다(38:34).

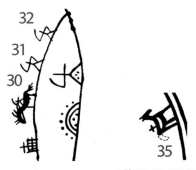

드럼 1:30∼32, 4:35, 38:34

　일반적으로 말 제물이 로타보다 더 중요한 것 같다. 왜곡된 말 모
습이 순록 뿔과 닮음은(14:30), 오세레 드럼에서 순록 제물을 로타 자
체로, 아니면 말 탄 샤먼과 동행하는 사이보 동물의 아이디어에서
온 것 같다. 북쪽으로 갈수록 로타의 전통 모습이 라넨 드럼에 나타
난다(47:18). 여기 두 십자는 로타의 그의 부인 혹은 로타와 죽어가는
인간으로 추측된다. 핀란드 드럼에는 서 있는 한 인간과 동물 배합
으로 이곳에 로타의 개념은 잘 알려지지 않고 다른 의미를 내포한
다(44:3).

드럼 14:30, 47:18, 44:3

바이킹의 오딘 숭배[31]

오딘의 출처는 13세기 아이슬란드 작가인 스노리 스투라손(Snorri Stulasson)의 에다 산문이다. 오딘은 신 중 가장 위대하고 형제들과 함께 세계를 창조했다. 모든 것을 통치하여 다른 신들이 그보다 강해도 오딘을 그들 아버지의 아버지로 봉사한다. 그는 전쟁, 지혜, 마법 요술의 신이다. 그의 특수한 속성은 창이며 그는 향연 홀 발할(Valhall)을 소유, 전투에서 쓰러진 모든 전사를 대접한다. 낮에 전사들은 일어나 싸우며, 밤에는 모두 테이블 주위에 앉아서 먹고 술을 마신다. 전투에 쓰러진 자들은 발키리에 의해 선정되고 그들에 의해 발할에 환영된다.

13세기 마뉴스크립 에다에는 오딘의 지혜와 탐구 이해를 중심으로 담았는데 오딘과 거인 간의 지식 경쟁이다. 거인은 아홉 세계를 방문했고 죽음 영역까지 깊이 침투했다. 오딘은 수치스러운 계교의 질문 시합에 이기기 전에 거인에게서 세계의 많은 비밀을 배운다. 세계의 끝에 풀린 인간과 신과 괴물의 파괴, 늑대, 세계의 뱀 등등을 오딘에게 알려주어, 그의 탐구와 지식 획득에 관한 자신의 묘사이다.

8~9세기 고트란드, 알스코그, 챙비데(Tjängvide)의 파편 '이미지 돌'

---

31 저자의 『바이킹 시대의 탄생과 업적』(2017) 참조.

오딘의 다른 특징은 시인의 신으로서 시들은 깊고 복잡한 스토리를 가진다. 세계 나무에 매달리며 오딘은 룬 비문에 깊은 지혜와 지식을 획득했으며, 거인으로부터 시의 벌꿀 술(Mead)을 훔쳐 인간에게 주었다. 벌꿀 술을 마시는 자는 시인이 되므로, 오딘이 만든 술을 훔치든지 그와 접촉해야 한다. 시는 오딘의 선물이고 오딘은 모든 시인의 후원자이다. 따라서 아이슬란드 후기 문학은 오딘 숭배를 적용할 수 있다.

오딘의 부가적 증거는 8~9세기 고트란드 기념비 룬스톤의 이미지로 여덟 다리의 말 슬라이프네르가 탄 용사와 그의 훌륭한 짐승 묘사이다. 슬라이프네르는 에다 시에 여러 번 발견되며, 이미지는 석회암 석판으로 페인트가 칠해진 낮은 렐리프이다.

로타가 온다!

로타는 어둡고, 병과 죽음을 가지고 온다. 그는 이상한 인간들과 함께 순록도 엘크도 아닌 말을 타고 온다. 로타의 왕국은 지하 세계의 가장 깊은 곳인 로타아이모이다. 이곳은 사망의 고향인 죽음 세계 자브메아이모로서 음울하고, 차갑고 어둡다. 그러나 거기에 온 인간들은 죽은 인간에게 행복한 땅인 사이보로 옮길 수 있다. 사이보는 모든 것이 여기 지상의 것보다 훨씬 나은 라프족의 천국이나, 여기 텐트 고테에서 어린 소년이 열과 질병으로 몸부림치고, 그의 어머니는 옆에 앉아서 울고 있는 사실은 이들에게 거의 안락을 가져다주지 않는다.

아버지는 드럼을 가져온다. 그는 매우 심각하다. 로타가 그의 자식을 데려가지 말아야 하기 때문이다. 죽은 인간은 자브메아이모와 사이보에 갈 것이나, 누구든지 여기 지상에서 우선 그의 생을 살아야 한다. 그의 아들은 순록을 이끌고 모든 초원을 돌아다니며, 나중에 많은 순록을 소유하고 큰 후원자가 되어야 한다. 코테와 부인 그리고 여러 자식도 가지며 긴 생을 살아야 한다. 로타가 그의 아들에게 오기 전에.

아버지는 효험 있는 드럼을 가지러 간다. 거기에는 드럼 막대와 쉬운 놀이가 아니다. 그는 다른 세계의 영혼으로 들어가야 한다. 그는 자신이 모든 위험한 것에 강해야 한다. 그는 자신을 결합하고 집착하게 된다. 그는 손을 태우지 않고 석탄을 집으며 피가 나지 않게 칼로 자신을 새긴다… 그는 용감하다!

어머니는 그를 위해 아스크룻(Asklut)을 삶았으나 그는 독주를 마신다. 그 자신의 내부와 외부는 준비되었다. 그는 준비되었다. 그는 드럼 막 위에 해머의 뼈가 춤추게 한다. 그것이 춤추지 않으면, 그는 더 강하게 때린다. 더 빨리 폭력으로, 귀청이 터질 듯하게.

이웃 마을의 한 아버지가 텐트 코테에 기어들어 왔다. 그들은 문 옆에 조용히 않는다. 누구도 자기 자식을 죽음의 악신에서 건질 샤먼을 방해할 수 없다. 드럼은 모든 소리로 으르렁거린다. 아픈 인간의 신음은 더 들리지 않는다. 개들은 두려워서 할 수 있는 한 텐트 천 아래 기어들어 간다. 샤먼의 노래 요이크는 상상할 수 없으나, 그것은 같은 속도로 드럼의 소리와 병합한다. 그의 땀

나는 얼굴은 불빛에 반짝거리며, 불타면서 더 긴장과 무시무시하게 움직인다

그의 부인은 더 소리 내며 울지 않고, 그를 파악할 수 없는 것처럼 그녀 남편의 크고 긴장된 눈들을 오직 바라본다. 그는 그 자신이 바깥으로 나가려는 참이다. 드럼이 울리면서, 피곤하고, 참을 수 없고, 귀청이 터질 듯한… 그러나 그는 바닥에 쓰러진다. 초월적 상태의 광란에 그는 다른 세계로 가고 있다. 차츰 조용해지며, 너무나 조용하여, 정적마저도 귀에 한 강타가 된다.

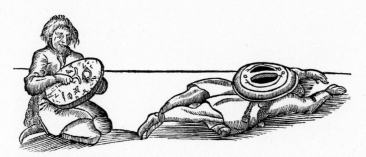

드럼 치는 샤먼과 그의 광란(Schefferus, 1673)

샤먼은 바닥에 쓰러졌다. 아무도 그를 만질 수 없다. 그러나 이웃 마을의 아버지는 드럼을 가져와 그것을 그의 등에 부드럽게 놓는다. 그는 죽은 것이 아니고 영혼이 없는 몸이다. 영혼은 생과 죽음 세력에 도달하기 위해 정신 영혼 세계에 있다. 아마 그는 행복하게 돌아올 것이다! 텐트 코테의 인간들은 그의 몸 위를 조용히 바라본다. 병자의 열 있는 숨은 무엇인지 말한다. 샤먼은 의식이 없고, 그의 몸은 부동자세이다. 오직 아픈 소년의 숨쉬기와 신음만 들린다.

개들은 텐트 천 아래 더 기어들어 숨지만, 어머니는 그들을 텐트로 데리고 온다. 그러나 그들은 다시 기어들어 간다. 이웃집의 아버지는 움직이지 않고 앉아서, 표정없이 앞을 바라본다. 그러나 어머니는 그녀 남편의 부동적인 몸에 걱정되기 시작한다. 샤먼이 여행에서 돌아오지 않는 적도 있었다. 마침내 인간의 몸에 끌려, 그는 무엇인가 중얼거린다. 바닥 깊이 불 확신한 스튜-스튜리크. 스튜리크, 말 …….

그는 돌아서며, 드럼은 그의 등에서 떨어진다. 그는 그것을 더듬고 잡는다. 드럼을 붙잡으려, 완전히 깬다. 그는 이제 한마디도 하지 않고 드럼을 쥐고, 조그만 척도기 아르파를 들어서 드럼 머리에 놓는다. 드럼은 여전히 그의 무릎에 있으며, 수평으로, 드럼 해머로 가볍게 친다. 드럼 막은 진동하고 척도기는 움직이며, 미끄러지며 조그맣게 뛴다 … 말을 쥐는 것이 어렵고, 아마 이 척도기는 순록에게 갈 수 있을 것이다. 크고 가장 살찐 순록이 기쁘게 희생될 것이다 … 그러나 그 척도기는 그것을 좋아하지 않을 것이다. 그리고 샤먼은 그 자신이 드럼을 기울이는 데 감히 도울 수 없다. 이것은 그의 아들에 관한 일이다. 척도기는 가차 없이 로타의 말에 가서, 거기서 머물고, 거기서 멈춘다.

말과 소년, 무겁게 헉헉함이 샤먼의 드럼과 해머와 척도기를 한 부대로 멈춘다. 그리고 이제 서두른다. 모두가 서두른다. 이제 노르웨이 프욜드의 바닥으로 가는 길로 거기에는 농부들과 말들이 있다. 샤먼은 숫송아지를 잡기 위해 서두르며, 어머니는 그 말에 지급하기 충분한 가죽 작업, 순록 치즈, 어떤 것이든지 한다. 각자 이 일을 하고, 이웃집 아버지는 그 지급으로 사라진다. 어머니는 들어가서 그녀의 아픈 아들 옆에 앉는다.

한밤이 지나고, 한낮이 지나고 또 한밤이 지난다. 서쪽의 폭을 가로지르며 두 인간은 그의 숫송아지와 함께 돌아온다. 로타는 집으로 갈 그의 말을 가졌다. 텐트에서 어린이는 조용히 잠을 잔다. 어머니는 그를 위해 새 신발을 만든다. 그것들로 아들은 산과 계곡들을 뛰어다닐 것이다.

– Manker(1965)에서 발췌

세 여신 아카스(Akkas)

언어적으로 '아카'는 여노인/부인이며 사미 여성들은 그들만의 특수한 여신들을 숭배, 집합적으로 아카스라 칭한다. 마데라카(Maderakka)는 세 딸(사라카, 욱사카 육사카)과 함께 인간의 임신과 출생을 담당한다. 출생·분만의 여신으로 그녀는 최고의 신 라디엔아카에게 인간 영혼을 받아, 여기 필요한 신체를 만들기 위해 이것을 맏딸 사라카(Sarakka)에게 전달한다. 여성과 출생의 여신 사라카는 여성에게 가장 사랑받는 수호신으로, 사미는 그녀에게 특별 제물을 바친다. 사미어로 'Sarrat'는 '자궁을 열어 창조한다'는 뜻이며 한 영혼이 자궁에서 자랄 수 있도록 허락하며, 태아를 보호하고 세상에 나올 수 있게 도와주는 임신 담당의 조산원이다. 불의 어머니로서 이탄으로 만든 코테의 벽난로에 거주한다.

아카스 세 여신

둘째 딸 욱사카(Uksakka)는 어머니-어린이 여신으로 가정과 어린이를 보호한다. 문 안내로 문지방 아래 살며 문과 집안, 바깥의 모든 통행을 지켜본다. 그녀는 아픈 어머니를 치료하고 아이의 출생 후 성장을 책임진다.

막내딸 육사카(Juksakka)는 사내아이의 여신으로 부모가 원하면 자궁에서 여자 아기를 남자 아기로 바꿀 수 있고, 아이의 성장을 맡는다. 고대 믿음에 의하면 모든 아기는 여자로 창조되었으나 육사카가 태아의 성을 바꾸는 데 참견한다는 것이다.

마데라카와 세 딸은 북쪽과 남쪽 드럼에 규칙 모티프로서 하나로 정렬되며, 그들의 속성은 사라카와 욱사카는 지팡이 혹은 포크 막대, 육사카는 활이다. 세 모습은 세 딸을 의미하나 종종 네개로 마데라카가 참여한다(27:52~55). 그들이 쌍으로 나타나면 다른 신과 구별하기 힘들다. 오세레 드럼에서 아카스는 아래쪽이 주 위치다 (1:37~39). 점으로도 나타나고, 아카스가 반복된다(63:33~35/37~39). 이들은 십자 인간으로 팔을 펼치고 다리를 벌리며, 그들이 쥐는 포크 막대는 한 손이나 두 손에, 종종 나뭇가지로 대치된다. 육사카는 활로 공격적 인상을 만든다. 가장 북쪽 드럼에는 넷째 아카가 없다.

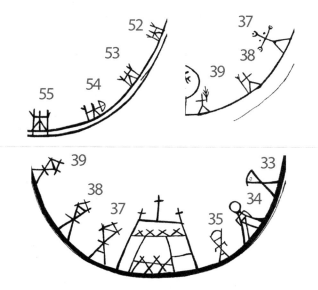

드럼 27:52~55, 1:37~39(위); 63:33~35/37~39(아래)

최고의 신 라디엔(Radien)과 다른 숭배 신

라디엔은 드럼에서 나뭇가지나 후광의 모습으로 사미에게 비를 제공하고 순록에게 행운을 가져다주는 초목과 비옥의 신이다. 킬달(1807)은 가을 축제 제물에 세 가지의 나무를 최고의 신에게 바치는데, 이것으로 세계를 지탱하고 질서 있게 보호해달라는 부탁이다. 또한, 그는 뿌리가 위로 향해 거꾸로 서 있는 나무를 제식에서 보았다.

나무가 천상에서 성장을 의미함은 "대지"는 창공의 평원으로서 땅에서 거꾸로 보이며, 실제 거꾸로 된 나무는 시베리아의 어느 곳에서나 발견된다. 성장 신 라디엔이 두세 가지를 종종 거꾸로 세우며 세계의 지킴을 확인하려 제물이 나무 위에 행해짐에도, 사미는 나무가 생을 부여하는 속성보다 그 지원 기능을 강조한다. 즉, 본질에 따른 세계 기둥의 단순한 변형이다.

라디엔

세계를 운영하는 라디엔은 라디엔아트예(Radienattje), 라디엔아카(Radienakka), 라디엔파르드네(Radienpardne) 세 모습으로 드럼 위쪽 순록 뿔과 영광의 광선으로 복잡하게 그려졌다. 드럼 11:45~47로 특히 46은 아래는 사변형, 위는 삼각 복합체로 꼭대기에 십자를 가져 채플/교회처럼 보이나 한 인간이다. 사변형은 체크무늬의 수평과 수직으로 나뉜다. 윤곽은 이중선이고 옆에 막대가 양편에 놓여 있다. 라디엔은 위 지역의 신 시리즈에 참여하며, 의인화된 베랄덴올마이(Veraldenolmai)로 이름을 바꾼다(50:4).

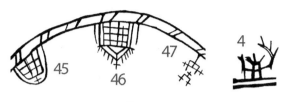

드럼 11:45~47, 50:4

베랄덴올마이는 고대스칸디나비아 신화에서 가장 중요한 프레이(Frey) 신과 비교되며, 라디엔처럼 굽혀진 나뭇가지로 영광을 가지며 종종 순록 뿔도 사용된다. 라디엔의 개념은 기독교에 반항하는 사미가 그들의 드럼을 제거하도록 강요되기 전이다. 라디엔을 기독교 삼위일체와 연결하기 위해 전능 신 라디엔아트예(베랄덴올마이)는 아버지-어머니-자식(라디엔아트예-라디엔아카-라디엔파르드네) 삼위일체의 중심인물이 된다.

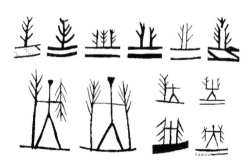

베랄덴올마이

바람과 날씨의 신 비에그올마이(Bieggolmai)는 폭풍과 나쁜 날씨를 만들며, 두 삽으로 천둥과 벼락을 몰고 바람을 산 너머로 밀어 올린다.

비에그올마이

사냥과 숲의 신 레이브올마이(Leibolmai)는 동물을 관리, 곰 수호신으로 사냥꾼을 도와 특수예식이 곰 사냥 전, 도중, 후에 이루어진다. 주로 드럼 왼쪽에 한 인간이 곰, 숲 그리고 신성한 산에 둘러싸여 있다. 레이브올마이는 높은 산과 깨끗한 물에서 사미가 낚시로 식량을 얻으며 숲속에서는 모든 야생동물과 함께 머문다. 곰과 순록고기의 맛으로 사냥은 사미의 즐거움이며 곰을 포착하려면 레이브올마이를 동행시켜야 한다. 사냥꾼은 아마도 레이브올마이를 대표하는 것으로 여겨진다. 그의 옆에 곰 대신 엘크가 있다(1:4). 사냥 모습으로 사냥 신을 쉽게 찾을 수 있고, 숲 신으로서 그는 나무, 혹은 나무와 인간 배합이다(1:2/17/19).

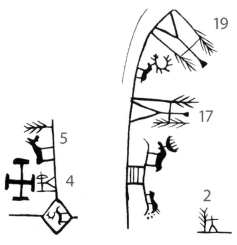

드럼 1:4, 1:2/17/19

오세레 타입에 일정한 세 모습인 아이레케솔막(Ailekesolmak)은 신성
한 목사로 단순한 십자로 재현된다(1:7~9). 아래 광선에 위치, 오세레
드럼의 북쪽에서 태양이 다소 퇴화하면서 이들의 위치에 문제가
생긴다. 북쪽 드럼에서 포울센(1691)은 주장하기를, 풍습에 의하면 3
일(금, 토, 일요일)을 파티(Yule)로 축하하며, 만일 누구든지 이날을 더럽
히면 하나님이 처벌한다(71:11~13). 이날을 신성하게 하고 하나님께
소원을 알리면 실현된다. 신성을 지키므로 인간을 도운다.

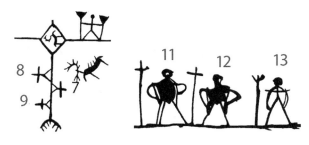

드럼 1:7~9, 71:11~13

따라서 드럼의 셋째 영역에 나타나는 2명은 성녀 마리아와 여동생 성녀 안나로 해석되나 원래는 마데라카와 사라카이다. 아이레케 솔막의 기독교 해석은 명확하다. 'Ailes'는 '신성'으로 기독교에서 빌린 단어이며, 학자들 간에 기독교 삼위일체의 확인에 분쟁이 있다.

지하 세계 사이보(Saivo)와 죽음 세계 자브메아이모(Jabmeaimo)

오세레 드럼의 오른쪽 윤곽에 자브메아이모와 평행하여 길게 펼쳐진 그룹이 있다. 이 그룹은 다소 경사로 부서진 두 선이 반대로 놓인다. 생명 관계의 인간과 순록, 아크자로 여행하는 인간, 교회 마을 등이 나타난다. 종종 2마리 숫순록이 서로 연결, 이것은 샤먼의 전통에 따르면 순록투쟁을 위해 샤먼을 지하 세계로 안내하는 사이보 동물이다. 경사로 연결되는 자브메아이모도 인간과 순록이 보여, 일반적으로 사이보와 자브메아이모의 길은 쉽게 구별할 수 없다. 사이보는 드럼 왼쪽에도 위치, 샤먼의 사이보 동물인 경우 새, 물고기, 뱀이 대체된다.

사미는 믿기를 죽은 조상이 사는 천국 사이보는 지역에 따라 호수 아래나 산에 있다. 배크만(1975)에 의하면 사이보는 몇 지역에서 뚜렷하게 보이는 출구를 가진 깨끗한 호수이다. 이 호수는 물고기를 풍부히 가지며 이중 바닥으로 이룬다. 사미 조상은 이 호수의 아래 단계에 거주하나 사미의 대부분 지역에는 사이보가 무속영혼이 거주하는 산 영역이다. 샤먼도 종종 여기에 살며 죽음 후 여기로 돌아와 인간 수호신이 되기를 원한다. 남쪽 사미에서 산은 샤먼의 장소이고, 북쪽 루레는 출구가 있는 조그만 호수이다.

사이보(Saivo)는 고대 스칸디나비아어 Saiw-, '호수'에서 유래한다. 빅크룬드(1916)는 단어 '사이보'에 변화가 왔음을 설명한다. '바다와 대비한 호수'에서 빌려온 이 단어는 해안 호수에 설치된 우상을 대표하나 남쪽 라플란드의 경우 산에서 순록 사육이 생활 수단인 탓으로 사이보가 호수 우상에서 산 우상으로 바뀌었다. 영혼의 우주 형상지는 사미 사이에도 뚜렷하여, 사이보의 물 영역에 여러 견해가 있다. 다른 세계의 경계는 땅과 물이 만나는 특수장소로 땅표면이 지하 세계와 연결되는 점이다. 그 입구는 땅 구멍, 부드러운 암석 표면, 균열, 동굴과 쑥 내민 곳, 지하의 빠른 난류와 온천 장소이다.

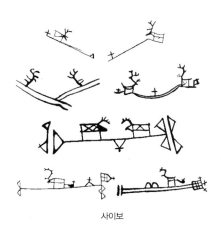

사이보

죽음의 세계 자브메아이모는 매우 복잡하다. 로타처럼 여러 모티프에 죽음과 마술의 겨냥도 함께한다. 곡선 언덕과 점으로 둘러싸인 것은 우상 자브메아이모이며, 점은 죽은 자나 죽음이다. 종종 삼각 대신에 점이나 가지로 대처하며, 체크 모습은 길고 두꺼운 십자 막대와 유사한 의미이다.

여기를 통치하는 자브메아카는 남성 로타보다 더 데몬이다. 드럼 5:39에 인간은 자브메아카 혹은 로타와 점들 사이에 있는 자브메아이모를 대표한다. 단순한 십자는 인간이며(21:27~30), 마술의 겨냥(25:22)과 25:37도 여기 속한다. 흥미롭게 죽음을 표시하는 자베올

129

마이는 순록 제물을 지키는데, 샤먼이 그의 샤먼-사이보 순록과 함께 자브메아이모에서 중요 행사를 치르거나 거기에 가는 것을 상상케 한다(31:44). 자브메아이모와 사이보 개념은 혼란을 일으켜 이들을 동등하게 다룬다.

자브메아이모: 위로부터 드럼 25:22/37, 31:44, 5:39, 21:27~30

마술의 겨냥(Gand)

샤먼의 마법 제식은 드럼이 최적으로 신과 대지의 모든 것으로, 심지어 제물 보트도 여기 참여한다. 사미가 주의해야 할 위험한 사악은 원시 마술로서, 우테리우스는 그의 목록에 여러 마법의 특성 중에 마술의 겨냥(간드)을 묘사했다. 드럼에 이것은 2개의 동등한 원통과 십자 활로 묘사되어 십자 원이라 칭한다. 어떤 경우 천둥 신의 해머와 비슷하며, 보통 드럼 오른쪽 아래에 위치한다. 종종 한 인간의 팔 끝에 3개의 원과 펼쳐진 다리로 탈바꿈하는데, 이것이 인간으로 받아질 때 샤먼에서 방출된 것이다(25:15). 어떤 단순한 십자는 둥근 봉우리 같다.

샤먼 마술의 겨냥. 드럼 25:15(위 오른쪽 끝)

마술의 겨냥은 다른 인간을 상처 낼 때 사용하는 마법이다. 또 모든 신과 영혼 제식에서 자신과 친척 외에도 샤먼의 도움이 필요한 인간을 위한다. 사악을 위한 사악의 제지물로 샤먼들의 투쟁에 사용되거나 로타나 다른 데몬에서 보호한다. 이 마법은 중세기 기독교의 사탄과 지옥 교리와 연결, 유래되었다.

인간

인간은 모든 드럼에 생생한 모습으로 고정된 십자나 시간 글라스의 윤곽으로 상징화된다. 고정된 경우에 약간의 점이나 다른 형태로 얼굴을 발견하나 코나 손가락의 정확한 묘사와 인간의 개인 소장품은 보이지 않는다. 코프타 모피에 뾰족한 모자로 단장된 인간이 보인다(53:11). 일반적으로 남녀의 모습이 거의 비슷하나 여성은 긴 모피 옷과 소장품을 가진다. 드럼에는 주로 남성 신 혹은 사냥꾼이고, 여성은 아카스와 다른 여신과 혼, 인간이다. 그리고 상세히 묘사되었다(3:16, 10:18).

드럼 53:11, 3:16, 10:18

대부분 인간은 서 있으며 팔과 다리를 뻗는다. 몸이 정면에서 뒤얽히며 옆으로 향하거나(71:8), 앉아 있다(10:39, 67:30).

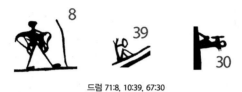

드럼 71:8, 10:39, 67:30

활동은 여러 드럼에 나타난다. 스키 타는 자, 달리는 자와 추적자, 사냥꾼, 순록 지키기, 드럼을 치는 샤먼 등이다. 종종 인간은 손에 한 쌍의 막대 같은 것을 쥠으로 신화적 인물로 확인되고, 그들의 행위와 의도를 특징한다.

활동하는 인간

드럼에 자주 스키가 나타남은 실제 사미 생활에 스키의 필수성 때문이다. 스키 연구의 가치성에도 드럼의 경우에는 이미지들이 단순하고 상세하지 않아 형태학에 별로 도움을 주지 않는다. 같은 크기의 두 스키는 보트닉(Botnic) 타입으로 청동기시대에 이미 알려졌다. 종종 인간이 한 스키 막대를 가지는데, 이것은 사미의 옛 풍습이다. 드럼의 묘사를 통해 인간 직업이 샤먼, 목사, 농부, 외국 상인, 관리인지를 파악한다. 거주지 코테나 순록 장의 일상작업 외에 순록 사육, 사냥 여행, 교회 환경도 배운다.

동물

드럼에 빈번하게 등장하는 순록의 횟수는 사미 경제에 이바지하는 순록 사육에 기인한다. 보존된 71개 드럼에서 2개(63, 66)를 제외하고 전부 나타난다. 이들은 사실적으로 묘사했고, 몇몇 드럼에만 단순하거나 순록 뿔로 대치되었다. 야생 숫순록은 인상적인 가지 뿔로, 암순록과 새끼는 조그만 가지 뿔을 가졌다. 종종 순록은 홀로 광선 위에 서 있고, 드럼의 왼쪽 가장자리에서는 자유롭게 유동한다. 홀로 있는 야생 숫순록은 제물이나 샤먼 순록으로 지하 세계의 동반자가 되며 때때로 다른 샤먼과의 투쟁에도 사용된다. 제물 순록은 행운의 의미로 오세레 드럼의 마름모 태양 안에 위치한다.

순록의 여러 모습

2마리 이상의 순록은 대부분 길들인 동물이다. 3마리 순록 무리는 숫순록, 암순록, 새끼로 열을 지으며 순록은 개와 순록 지키기를 동반한다(51:42~45). 1명의 인간이 순록에 가지로 지시한다(44:41). 숲이나 높은 산 경사에 있는 순록은 엘크와 곰과 함께 종종 나타나서 이것이 야생인지 길들인 순록인지 결정하기 힘들며, 곰의 약탈에 보호가 필요하다. 단순한 십자는 순록 지키기이며 순록도 가지 뿔로 감소하여 신성한 높은 산 지역을 표현하는 복잡성과 연결된다.

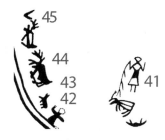

드럼 51:42–45, 44:41

순록 울타리(Leem, 1767)

    드럼에서 길들인 순록 사육은 코테와 정착지 가까운 곳에 나타난 2마리의 순록이다. 거기에는 순록 사육이자 텐트, 순록, 순록 울타리의 복합체도 있다. 사육은 인간과 순록을 가깝게 만들며, 개의 도움으로 그들은 함께 여행도 한다. 오세레 남쪽 드럼의 순록 울타리 모티프는 보존된 드럼의 ⅓에 묘사되어 특수한 민족지적인 이미지를 형성한다. 흥미롭게 북쪽과 동쪽 타입 드럼에는 없는데, 이 지역에 순록 울타리가 필요치 않음을 설명한다.

순록과 우유 짜기는 오세레 타입에 항상 태양 아래 위치한다. 몇 경우에 그들은 광선과 연결되고 어떤 때는 자유롭다. 순록 울타리는 타원형이나 사각형도 있으며 대부분이 닫혀 있다. 보존된 드럼들에서 오직 두 드럼에 순록 울타리가 열려 있고 문 지기의 팔이 보인다. 인간은 거의 항상 순록과 바깥 원에 위치하며 이들 모습은 단순하다(31:23). 순록의 역동성은 사미가 여행하는 썰매 아크자이다(8:32~34). 이 모습은 북쪽과 동쪽, 남쪽 드럼에 동시에 일어난다. 아크자는 특징 있게, 그리고 당기는 견장은 순록 배의 아래나 혹은 목 멍에이다. 순록 뒤에 한 고삐는 사미의 생활을 생생히 증명한다(68:22~23). 순록의 집은 초원과 높은 산이라 늑대와 천둥을 막음이 결정적이다.

순록이 끄는 썰매 아크자(Leem, 1767)(위), 드럼31:23, 8:32~34, 68:22~23(아래)

엘크는 종종 신화에서 중요한 사냥 제물이며 별자리의 하나이다. 이것은 남쪽 현상으로 이 이미지 분포는 드럼 제작 시기에 엘크의 실질적 분포와 상통한다. 엘크는 사실적으로 묘사되었고 적절한 움직임을 줘 쉽게 파악된다. 엘크와 사냥꾼 혹은 사냥 신 레이브올마이를 만난다(1:4~5). 드럼 왼쪽에 자주 발견되는 엘크는 높은 산 지역을 대표, 이 경우 순록, 곰과 함께 나타난다. 가끔 엘크는 주둥이 앞에 한 나무를 가지는데 방목의 엘크 땅이다(32:31). 19개 드럼에 엘크가 파악, 한 드럼에는 4마리 엘크도 있다. 18개는 오세레 타입, 하나는 피테 타입으로 엘크는 남쪽 지역에 주로 살며 북과 동쪽으로 갈수록 적어진다.

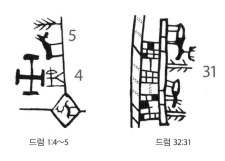

드럼 1:4~5   드럼 32:31

엘크의 실제 모습

곰은 순록처럼 빈번하며 37개의 드럼에 보인다. 실제 곰은 북쪽과 남쪽에 모두 중요하며, 야생 사냥물이면서 제식의 대상물로 의미 깊다. 곰 제식의 중요성은 북극 지역의 사미뿐이 아니고, 곰은 북극인들의 상상에 중심 동물로 곰의 힘은 위험하지만 강력함을 내포한다.

곰의 관한 설화가 『A Mansi Poem, Poem 29』에 나와 있다. 하늘 신의 아들로 태어난 곰은 가죽으로 만든 거처지 하늘에서 아버지와 함께 살던 까다로운 동물이었다. 하루는 어린 곰이 지상과 그곳의 사는 인간들을 볼 기회가 있었다. 한 버전에 의하면, 이것은 그의 앞발로 구름 속에 구멍을 만들었을 때 일어났다. 곰은 지상을 방문할 큰 욕망을 견뎠으며, 마침내 하늘 신은 포기하고 곰이 철 사슬로 지상에 내려가게끔 금, 은 동전으로 요람을 만들었다. 바람이 모든 방향으로 이 요람을 불어, 세 번째 노력에야 곰은 성공, 자신이 지상에 있음을 발견했다. 숲 늪의 중간이었다.

그러나 하늘 신은 그의 아들이 지상으로 내려가기를 허락하기 전에 지상에서 어떻게 행동해야 하는지 특수한 지시들을 하였다. 곰은 수호신들에게 바치는 제물용 오두막집을 건드려서도, 또 긴 겨울 동안 얼음과 눈에 묻혀 있는 시체들을 방해해서도 안 되었다.

약간의 변형에는 곰은 인간이 거짓 맹세가 없는 한 그들에게 해를 끼쳐서는 안 된다는 것 역시 알린다. 식량을 위해 곰은 숲의 풍부한 열매, 특히 베리(berry)를 먹게 되는 것으로 알려졌다. 곰은 즉시 지상 생활에 불만족하기 시작했다. 하늘 신이 창조한 여름은 더웠고, 모기는 어디든지 있고, 베리와 다른 열매는 충분치 못해 아버지의 지시에 복종하지 않았다. 곰은 신성한 오두막집들을 침략하고 수호신의 이미지를 파괴하고 관 안의 얼은 시체를 방해했다.

곰을 비롯한 여러 동물

이 시는 곰을 죽여 가죽을 벗기고, 그것을 마을에 전달하며 축제를 보장하는 것으로 끝난다. 하늘의 곰 출생지, 지상에서의 머무름, 사냥감으로 곰은 그의 고향 하늘로 돌아오는 신화는 사미 곰 사냥 제식의 배경이 되었다. 따라서 드럼에서 곰 주둥이 앞에 점들은 베리 양식을 먹는 곰이나 약탈 또는 미끼 동물로 생각할 수 있고, 마법적 힘이나 위험도 뜻한다.

흥미롭게도 곰은 순록이나 엘크처럼 태양과 연관된 위치에 나타나지 않는다. 드럼 왼쪽에서, 그리고 지역을 나눈 드럼에는 위아래에서 나타난다. 자주 점을 가진 동물이 동굴 안에 있다. 정확한 해석은 없으나 동굴 속의 곰 같으며, 동물이 없는 동굴은 그것의 입구로 간주한다. 실제 동굴은 곰을 잡을 수 있는 곳이다. 란둘프는 곰을 '하늘 곰'으로 칭했다. 스캉케 예센은 이것을 '하나님의 개', '늑대는 사악의 개', '로타의 개'로 정했다. 이 여러 해석은 사미에게 곰의 중요성을 제시하며 곰은 위험하나 사미의 가능한 힘을 내포한다.

곰고기가 수요품으로 바람직한 반면, 늑대는 순록에 해가 되고 불편을 끼치는 사악한 동물로 곰처럼 존중받지 않고 늑대고기는 먹을 수 없다. 그런 탓인지 그의 위험성이 드럼에서 꽤 놀라운 횟수로 보인다. 19개 드럼에서 큰 늑대가 드럼 오른쪽의 로타와 자브메 아이모 가까이 있다. 울버린은 곰과 구별하기 힘들며 드럼에 잘 나타나지 않는다.

조그만 모피 동물로 여우, 족제비, 담비, 다람쥐와 수달이 초기 해석들에 종종 언급되었다. 이들은 모피와 세금의 중요 수단이나 종종 샤먼-사이보 동물로 활동한다. 특히 해리는 사미의 또 다른 경제상품이다. 약으로 사용되어 인기 높고 수요가 많다. 10개 이상의 드럼에서 위나 옆에서 본 해리가 나타난다. 해리 앞에 한 울은 해리 집, 혹은 덫 함정에 걸린 것으로 해석되며(1:15), 인간과 해리의 배합으로 마술적 샤먼-사이보 동물이다(14:19).

드럼 1:15　　　　　드럼 14:19

드럼에 보이는 동물 활동은 사냥장면으로 화살이 야생 엘크나 멧닭, 곰, 순록을 향한다. 사냥 무기로써 활은 레이브올마이나 육사카의 속성이기도 하다. 활은 크고 작은 경기에도 사용한다. 궁수가 없는 활은 둘로 갈라진 포크 모양의 화살촉을 가진다(53:14). 곰과 늑대 사냥은 창이 제일 적절한 무기로 인간이 쥔 막대는 많은 경우 창을 뜻한다.

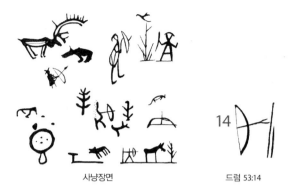

사냥장면   드럼 53:14

　낚시 장비도 어업 중심의 사미에게 중요하여 사냥처럼 드럼 63 (드럼 분석 참조)에서 조그만 그룹을 이루고 있다. 이 드럼에 크고 조그만 8개 고리는 달과 별, 혹은 함정으로 취급하며 이 드럼이 주로 동물 모티프를 가진 이유이다. 고리 안에 점들은 마술 유혹으로 엘크를 잡기 위해 숲에 세워진 덫이다. 새는 12개 드럼에 나타나며 여러 타입으로 숲새와 물새가 가장 쉽게 파악된다. 이들은 보통 측면으로 그려졌다. 헤엄치는 물새 다리는 재생되었고, 거위는 멋지게 포착되었다. 파악할 수 없는 조그만 새는 아마 철새로 보이는데, 날아가며 신비의 새, 사이보 새로 역할 한다(63:13).

사미의 자연에 묘사된 새들(Leem, 1767)

드럼 63:13

아래 동물 세계는 주로 뱀과 물고기이다. 뱀은 사미가 혐오하는 생물이나 드럼에서는 마법성을 제시한다. 초기 해석들에서 샤먼 뱀과 신성 지역의 동물로 언급되었다. 종종 점, 지그재그에 둘러싸이고 하나의 열 혹은 무리로 약 20개 드럼에 나타나며, 도마뱀인지 개구리인지 확인하기 힘들다.

비록 몇몇 드럼에 보존되었으나 옛 문학에 물고기가 언급되며, 중앙사미 드럼에 물고기와 바닷새를 가진 호수이다. 물고기와 낚시는 사미의 실질 경제와 예산 사업으로 18개 드럼에서 확인된다. 연어 같은 물고기가 드럼 63에서 발견된다.

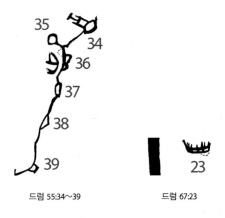

드럼 55:34~39   드럼 67:23

낚시 물도 호수의 완전 제도로 중요하다. 강이 호수를 연결하는 직선 회로가 있다(55:34~39). 다소 규칙적인 곡선이 호수나 낚시 물로, 보편적인 낚시 도구가 어망으로 묘사된다. 낚시와 낚시 물은 드럼의 왼쪽 아래이다. 낚시 보트는 고대 이후 알려진 조그만 크기로 종종 2~3명의 어부도 함께 있다(67:23). 드럼 위쪽에서 보이는 돛, 깃발, 장비, 짐을 실은 보트는 특수한 마술적 제물 보트로 해석된다. 드럼 63은 사미의 일상생활을 가장 잘 묘사한다.

바이킹 오세베르그 배의 오락과 무덤 보트[32]

최초의 바이킹 예술은 이동 시대의 전통에서 계속되며 예외적으로 높은 수준으로 수행된 오세베르그 배 매장물이다. 1904년 오슬로 남쪽 80km 떨어진 베스트폴드 슬라겐 농장에서 발굴되었다. 배는 815~820년 조립했으며, 834년 사망한 바이킹 왕비를 위한 매장용 배로 바뀔 때까지 해안을 따라 항해한 왕궁 오락용 배였다. 왕비는 갑판의 뒷부분에 위치한 한 방에 안치되었다. 하녀 소녀는 그녀 옆에 누워 있으며 일상용품인 손수레, 네 썰매, 직조기, 물통, 깃털 이불도 함께 있다.

매장에서 발굴된 오세베르그 배: 바이킹 예술의 첫 오너멘트 스타일, 그리핑 비스트로 장식, 830년

진기한 장신구는 약탈당했으나 흙은 매장물이 1904년 발굴될 때까지 나무 물품을 보존하였다. 뱃머리와 선미의 기둥은 나선으로 끝맺으며 서로 연결하는 동물로 화려하게 새겨졌다. 바이킹은 배를

---

32 저자의 『바이킹 시대의 탄생과 업적』(2017) 참조.

뱀의 머리와 꼬리를 가진 큰 동물로 생각, 용은 매우 큰 뱀이다. 연결 동물은 그리핑 비스트(Gripping Beast)로 둥근 머리, 부푼 눈들, 들창코, 과장된 팔뚝과 허벅지, 어디서든지 꽉 쥔 앞발들로 인식된다.

바이킹은 자주 보트나 배에 그들의 죽은 자를 매장하는데, 특히 해안 지역에서 그렇다. 사회의 엘리트층은 죽은 자의 사후 생활을 위해 장비가 잘 갖추어져 있다는 것을 확신하길 원했고, 특히 배는 그들 지위의 중요한 상징이었다. 배는 길이 22m, 너비 5m의 참나무로 지었다. 노 젓기나 항해를 위해 디자인되었다.

배는 30명 선원에 의해 노를 젓거나 혹은 배 복판의 사각형 돛으로 항해하였다. 가벼워서 융통적으로 항구가 발견되지 않으면 해변으로 끌어올릴 수 있다. 약 800~1000년 사이에 스웨덴, 덴마크, 노르웨이 바이킹은 고국에서 먼 해안들을 따라 무역, 정착, 약탈하였다. 숫자는 적었지만 영국과 프랑스 같은 조직 국가들을 공포로 몰아넣었다. 성공의 큰 이유는 바이킹 배의 항해 적합성이다.

건물

사미 거주처 코테는 크고 작은 캠프장 같은 것이며, 날라(Njalla)는 양식을 저장하는 곳이다.

코테와 날라

드럼에서는 삼각형으로 묘사되나 동굴 모습도 종종 보이며, 단독 혹은 그룹으로 한 열로 배치된다. 반대로 대면시켰으며, 코테 숫자는 4개를 넘지 않는다(31:25). 종종 인간이 코테에 나타나는데 11개의 북쪽과 남쪽 드럼이다(18:11, 35:24, 45:20). 코테의 여러 형태와 구조는 엄격한 이등변 삼각 꼭대기에 선들의 교차이다. 특수한 유목 텐트로 막대가 연장되는 곳에 연기 구멍을(64:17, 40), 그리고 연기를 보게 된다.(67:22). 돔 모양은 이탄으로 만든 코테이다(13:25). 텐트 코테는 순록으로 둘러싸여, 종종 드럼의 아래 왼쪽에 위치한다.

드럼 31:25, 18:11, 35:24, 45:20, 64:17/40, 67:22, 13:25

145

날라는 35개 드럼에서 확인되는데, 오세레 남쪽 드럼의 특징이다. 라넨, 피테, 루레의 중앙 드럼에는 나타나지만 북쪽 토르네 타입에는 없고, 날라의 대체로 여러 막대에 세운 열린 플랫폼 형태, 루오베(Luovve)가 보인다. 보통 드럼의 왼쪽 가장자리를 차지하는데, 이것을 제물 제단으로 결정하기 어려우며, 가장 단순한 구조를 볼 수 있다(67:44~45).

숲에 있는 루오베는 땅에서 10m 높이로 사미의 최고 양식 저장소이며, 그들이 없을 때 문앞에 막대를 걸어, 아무도 그것을 찾을 수 없게 한다. 일부 드럼에 바닥에서 지붕까지 보조하는 기둥은 루레의 지역성을 증명하며, 날라에 안정감을 강화한다. 핀란드와 러시아에서 날라는 없는 스타일이다.

날라의 형태 구조는 여러 변형으로 상세하지 않지만, 이것의 프로토타입이 있다(19:55). 큰 나무 그루터기로 여기 도달하는 사닥다리

숲속에 위치한 날라

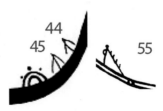

드럼 67:44~45, 19:55

와 문 입구의 위치가 보인다. 가끔 기둥은 뿌리가 강한 나무줄기이며, 땅과 바위에 이것을 박는 날라도 있다. 종종 건물에 뾰족한 끝은 장식 외에 마법성을 함유, 울버린이나 도둑도 방지한다. 높은 기둥에 접근키 어려움에도 울버린의 능숙한 기어오름은 여전히 식료품 저장소를 침입한다. 코테와 저장소는 사미에게 가장 중요한 건물이다.

오세레 타입에 일정한 그룹은 드럼 오른쪽의 정착지이다. 기독교로 개종한 사미는 채플이나 교회를 중심으로 모든 종류의 사업과 문화 접촉이 있어, 사미 드럼의 문서화 시대를 만나게 된다. 이 비유는 북쪽 드럼에 거의 드물어 그곳은 여전히 샤머니즘을 실천하는 것 같다. 교회의 접촉은 기본곡선의 한 열이나 종종 이 선이 분리된다. 가끔 남쪽 드럼의 중심 오른쪽에 한 선이 보이는데 사미가 그들의 정착지로 돌아오는 여행이다.

이 곡선을 란둘프는 '기독교인 경로'라 칭했다. 집과 교회는 장식 십자로, 여러 위치의 인간과 염소, 소, 말의 동물이다. 말은 사미에

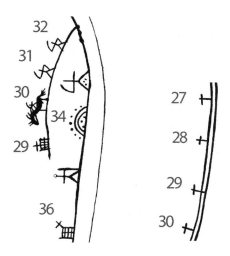

드럼 1:29~32/34/36, 21:27~30

147

게 이상한 동물이다. 말은 농부들이 끌거나 죽음 신 로타의 제물이다(1:29~32). 채플과 교회 가까이 위치한 인간은 샤먼이 아니고 목사로, 압수한 드럼들은 사미의 기독교 전향 시기에 그려, 기독교를 믿든 안 믿든 목사를 조심해야 한다.

정착지 옆에는 울타리 묘지가 있다. 자브메아이모에 속하는 사미무덤은 광야, 산의 쪼개진 조각, 동굴이었으나 기독교는 묘지와 지옥 개념을 인계하였다. 자브메아이모는 두 타입으로 동굴(1:34)과 울타리 묘지(1:36)로 후자는 십자로 장식되었다. 동굴은 종종 점으로 차지하였거나 둘러싸였는데 질병과 죽음이다. 오직 십자가 대체하는데 묘지나 죽은 자이다(21:27~30).

자연환경

자연과 풍경은 높은 산, 숲, 호수 외에 태양, 달, 별들이 있다. 태양과 달의 중요성은 신화와 관련, 여러 문맥에 나타난다. 태양은 드럼에 일정하게, 남쪽 드럼에서 마름모나 사각이며, 북쪽은 광선의 유무에 상관없이 타원이다. 달은 반달, 초승달, 타원으로 태양과 비슷하다. 실제 별자리 형성은 순록을 지키는 밤의 안내로서 유목민의 저녁 방랑을 도와준다.

보존된 드럼 중 별은 비교적 낮다(51:6~10). 천상의 현상에 오로라(Northern Light), 아침과 저녁 광선, 무지개가 초기 출처에 언급되었으나 드럼에서 확인하기 힘들며, 기독교 이전, 사미의 정령숭배 신이었다. 태양을 중심으로 태양신, 천둥신, 바람 신, 비-성장-비옥 신이 오세레 드럼 타입에서 가장 활동적으로, 중요 신은 광선 주위, 라디엔은 위쪽, 자브메아이모는 오른쪽, 아카스는 아래쪽이다.

드럼 51:6~10

오로라가 나타나는 자연 풍경

나무는 여러 상징을 함유한다. 엘리아데(1996)는 나무를 분류, (1) 대부분 고대종교에서 소우주를 구성하는 돌-나무 제단 패턴, (2) 눈에 보이는 우주적인 증상의 한 장소, (3) 불멸의 원천으로 확인된 물 상징주의와 연관, 생, 생식, 실제의 상징, (4) 세계중심으로 세계를 지원하는 받침대, (5) 나무와 인간에게 신비로운 결합으로 인간을 출생시키며 조상영혼의 저장소이며 결혼과 샤먼의 개시 의식에 사용, (6) 초목과 5월 행렬에 사용된 대로 봄의 부활을 뜻한다.

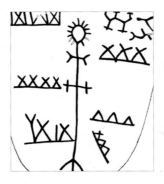

드럼66에서 베랄덴올마이에 바치는 세계나무

　　나무의 기능이 세계 지원자임은 주요하나 다른 특성도 무관할
수 없다. 서로 의존하며 성장하고, 생의 아버지로서 시간과 운명에
종속한다. 세계 평안을 바라보는 나무의 기본 개념은 많은 신화에
공개되었고 세계나무의 이미지는 '생의 나무'와 융화되어, 나무숭
배는 고대 민속종교의 큰 특징이다.

바이킹 우르네스 스테브 교회(1150~1175)[33]

통나무로 지은 우르네스 스테브
교회는 바이킹이 기독교로 개종한
후 첫 교회로 기독교 건축과 전형
적인 동물 오너멘테이션, 즉 우르
네스 동물 스타일의 바이킹 시대
건축과 예술 형태를 연결한다.

우르네스 스테브 교회의 드로잉(요한 크리
스티언 달, 1788~1857)

교회의 가장 현저한 부분, 즉 북
쪽 벽 입구의 장식을 해석하려는 여러 시도가 있었다. 이미지들은
위쪽으로 감아 올라가는 한 뱀을 대표한다. 아래쪽 끝에는 네 다리
의 짐승이 뱀을 물고 있는 모습으로 스타일화된 사자이다. 이 장면
의 일반 해석은 선과 악의 영원한 투쟁으로, 기독교 이코노그라피
에서 사자는 그리스도 상징으로서 뱀으로 상징된 사악과 투쟁한다.
뱀은 사탄의 보편적 재현이다. 반대로 초기 교회 장식은 북구 신화
의 어떤 장면을 특색 짓는데 12세기 시기상조의 건설을 위한 이유
이다. 이 문맥에서 동물은 이그드라실(Yggdrasil)의 뿌리를 먹는 니드
허그로 해석될 수 있다. 서로 감은 뱀과 용들은 라그나럭그의 북구
전설에 따르면 세계 끝을 대표한다.

교회 북쪽 입구의 동물 오너멘테이션

---

33 저자의 『바이킹 시대의 탄생과 업적』(2017) 참조.

샤먼 드럼의 신비 여행

대표적인 드럼들의 해석

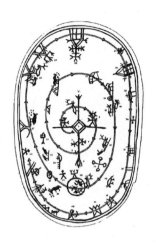

       드럼의 기호들은 이들 문화의 다양한 방면에 관한 특수 지식의 출처이다. 대부분은 해석이 어려우나, 단순한 것은 가능하다.[34] 이들은 사미의 자연과 문화를 동시에 표현, 세계관을 제공한다. 풍경, 인간, 동물, 낚시, 사냥, 집과 교회 외에도 신들이 점령하는 우주의 중요성도 재현한다. 드럼은 중심에서 시작, 바깥으로 퍼지는데, 사미의 순환적 세계관에 의한다. 71 드럼 중 대표적인 몇 개를 소개, 분석한다.

---

34 71개 드럼 기호들은 역사적인 여러 해석에도, Manker(1938, 1950)의 것을 기초, 드럼의 전반적 의미를 알려는 의도이다.

프레임드럼 1

프레임드럼 1은 네 방향의 마름모 태양으로 오세레 타입에 속한다. 1688년 스웨덴 릭세레에서 처음 나타났으며 1943년 후 스톡홀름 노디스카박물관에 보관 중이다. 타원형에 비대칭으로 길이 47.5cm, 너비 31.8cm, 깊이 8.1~8.7cm의 크기로 드럼 프레임은 소나무로 만들었다. 드럼 막은 순록 가죽의 옐로 그레이로 더러움이 끼었으며 위쪽은 정교한 바느질로 수선되었다. 드럼 기호는 오리나무 껍질의 레드브라운에 다소 두꺼운 층, 표면을 긁지 않은 획으로 칠해졌고 중심 부분은 어두운 잉크 펜을 사용했다. 우아하고 스타일화된 드로잉, 사실적 동물 묘사로 44기호를 가진다. 샤먼에 관한 기호는 (12) 샤먼의 두 방향 힘, (13) 샤먼 순록, (14) 샤먼 마술의 겨냥, (44) 샤먼, 샤먼 마술의 겨냥이다. 이들의 위치는 전체에 퍼져, 원을 이룬다. 샤먼이 샤먼 사이보 동물, 샤먼의 겨냥과 함께 나타난 특색 있는 드럼이다.

[해석] (1) 태양신과 제물, (2) 사냥 신 레이브올마이, (3) 천둥 신 호라갈레스, (4) 사냥꾼, 레이브올마이, (5) 야생 엘크 사냥감, (6) 바람 신 비에그올마이, (7~9) 아이레케솔막, (10) 땅 혹은 지하 세계(?), (11) 보트 제물, (12) 비취는 보트, 샤먼의 두 반대 방향 힘, (13) 샤먼 순록, (14) 샤먼 마술의 겨냥, (15) 울안의 해리, (16) 엘크와 곰, (17) 레이브올마이, (18) 야생동물, (19) 날씨와 숲 신(?), (20) 야생동물, 샤먼-사이보 동물, (21) 숲, 엘크와 곰 사냥, (22~23) 숲 위원회, (24~28) 교회와 인간, (29~32) 관과 죽음, (33) 죽음 세계 자브메아이모, (34) 자브메아이모, (35) 자브메아이모의 하인(?), (36) 무덤, (37~39) 아카스, (40) 순록 울타리, (41) 어망과 보트, (42) 코테 거주지, (43) 육류 저장소 날라, (44) 샤먼, 샤먼 마술의 겨냥.

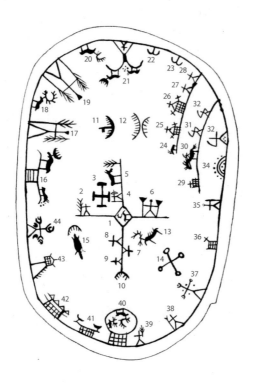

[스토리텔링] 오세레 타입의 전형으로 기호는 중심인 태양(1) 마
름모꼴에서 시작한다. 이색적으로 그 속에 순록은 제물용이다. 드
럼 방향은 왼쪽으로 펼친 손에 위로 향한 나무를 쥔 인간(2)을 본다.
사냥 신 레이브올마이이 혹은 좋은 날씨로 해석된다. 오른쪽, 태양
의 수직 위(3)에는 이중선 십자 해머로 천둥 신 호라갈레스/티에르
메스임을 쉽게 파악, 이교도 바이킹의 토르 해머와 같은 역할이다.
왜 여기 위치하는지 의문스러운데, 신 위에 또 다른 신을 위치시켰
기 때문이다.

한편 한 손에 막대와 다른 손에 활을 쥔 모습(4)을 인간이라 하면
5를 타격하는 활과 창의 사냥꾼이 된다. 그러나 이곳은 신들의 위

치로 레이브올마이가 더 옳다. 옆의 엘크와 나무(5)는 방목 앞의 엘크이거나 야생 사냥감이다. 샤먼은 엘크를 사냥할 때 사냥 신에게 좋은 수확을 위해 제식을 올린다. 다음, 태양 오른쪽(6)에 각 손에 삽을 쥔 인간이 있다. 중심에 위치, 혼자 독점하는 바람 신 비에그올마이로 두 삽으로 바람을 몰아버린다. 태양 아래편(7~9)에는 벌린 다리와 펼친 팔의 세 인간이 각각 점령한다. 드럼을 만든 샤먼은 이들을 균형적으로 배치, 신성한 존재 아이레케솔막이다. 마름모 아래축(10) 끝에 곡선은 정통적 의미는 없으나 땅 혹은 지하 세계이다.

중심을 떠나 위 왼쪽에 돛을 가진 보트(11)가 기울어져 있음은 샤먼이 그 장소에서 이미지를 그린 기분이다. 보트 제물로 사미와 바이킹 이교도는 배를 항해, 오락 그리고 죽음 보트로 사용하였고, 오세베르그 바이킹 배는 왕궁 오락용에서 왕비의 무덤으로 변했다. 옆(12)에 돛이 없는 반대로 향한 두 보트는 거울처럼 샤먼의 두 반대 방향 힘을 표시한다. 샤먼은 초능력으로 어느 방향으로 움직인다.

기호는 갑자기 아래쪽(13)으로 향하는데, 사미 달력의 순환성을 나타낸다. 등에 솔 같은 것을 가진 동물은 샤먼 순록으로 샤먼이 지하 세계 방문에 동행한다. 따라서 (12~13) 관계가 성립되며, 더 확실함은 경사(14)에 십자 원 혹은 고리 십자이다. 샤먼 마술의 겨냥은 샤먼이 여행 중 위험을 당했을 때 도와주는 도구로, 예로 샤먼과 샤먼 간의 능력 경쟁이다. 경사진 아래(37)를 샤먼으로 가정하는 이론이 생긴다.

위 왼쪽으로 돌아 이번에는 해리가 뾰족함을 가진 곡선 앞(15)에 있다. 울안에 갇힌 해리이거나, 해리 사냥 망으로 해리 사격이다. 다음은 드럼 경계선으로 두 동물(16)이 연단 위에 서 있으며, 검은 점을 가진 곰과 사냥감 엘크이다. 검은 점은 곰의 열매 먹이로 해석, 혹은 곰을 잡는 미끼이다. 이들은 엘크와 위험한 곰이다.

그 위에는 키 큰 인간(17)이 한 손에 위로 향한 가지를, 다른 손에 아래로 향한 가지를 쥐고 있다. 시베리아에서는 세계 나무가 위아래로 표시되나, 여기서는 사냥 신 레이브올마이로 생각되며, 옆의 야생 동물을 참작하면 비와 눈으로 간주된다. 다음은 조그만 순록 (18) 야생동물이다. 기르는 순록은 순록 울타리(40)에 종종 순록 지기와 함께 있다. (17)처럼 각 손에 나뭇가지를 쥔 인간(19)이나, 이번에는 가지 방향이 똑같이 위로 향한다. 날씨와 숲 신이며 위로 향한 가지는 좋은 날씨를 의미할 수 있다.

드럼 경계선(20) 중심에 (18) 같은 야생동물은 샤먼의 여행을 동행하는 사이보 동물이다. 바로 옆은 (16)처럼 연단으로 삼각이며 그 속에 인간(21)이 있다. 마름모 태양과 같은 의도로 삼각 안에 인간을 넣은 것일까? 끝 위 곡선에도 엘크와 곰으로 숲, 엘크와 곰 경기사냥, 혹은 사이보-지하 세계로 짐작한다. 여기서 사이보는 흥미 있다.

다음은 단순하고 축소된 모습(22~23)으로 인간과 동물이 부재한다. 이것이 숲 위원회로 해석되면, 사이보는 지하의 천국으로 조상들이 사는 곳이다. 샤먼은 병이 날 때나 가족의 문제를 해결하러 그들의 조상에게 충고를 듣는다. 정령숭배 사상으로 조상은 사미의 신들처럼 후손을 돌본다. 천국 사이보는 해안 지역 사미에게는 물이 만나는 곳, 숲 지역에 사는 사미는 신성한 숲이다. 샤먼은 죽은 후 숲에 돌아와 살기를 원한다. 여러 기호(24~28)가 증명한다.

곡선 위의 교회와 인간으로, (24) 염소, (25) 기독교 마을, (26) 교회, (27~28) 인간은 사미의 신앙과 이들의 기독교 개종을 동시에 의미한다. 드럼은 주로 17~18세기 제작, 신교 개혁으로 심한 처벌을 받았다. 어쨌든 사미 생활환경은 다음 곡선 위의 여러 모습(29~32)에 진행된다. (29) 십자 울타리, (30) 말을 탄 자, (31~32) 두 인간은 말 탄 자처럼 같은 행동으로 오른팔을 올린다.

그 아래 곡선에는 울타리가 있는 기독교 무덤(29)과 사미가 가장 두려워하는 병과 죽음 신으로 말 탄 모습의 로타(30)이다. 그는 죽은 자를 죽음 세계 자브메아이카로 운송하려 말을 요구한다. 그 뒤에 로타를 쫓는 인간(31~32)은 병과 죽음을 몰아내려 한다. 관과 죽음으로 해석한다. 긴 두 곡선은 사이보와 자브메아이모의 경로이다.

이제 원 방향은 드럼 오른쪽 경계로 마름모 태양에서 약간 위쪽이다. (30~32)처럼 오른팔을 올린 인간(33)이 보이며 그의 다리 사이에 점이 있다. 삼각과 그 속의 점은 죽음 세계이나 위에 말 탄 자를 연관, 로타 혹은 그의 부인으로도 추정한다. 그 아래 두 평행 곡선의 언덕(34) 안에 3개의 점, 바깥에 7개 점은 병이나 죽음으로 자브메아이모이다. 그 아래 한 손에 막대를 쥔 인간(35)은 자브메아이모에 봉사하는 하인이다.

추상, 스타일화한 기호는 드럼의 위치와 옆의 기호에, 그리고 원산지에 따라 해석이 달라진다. 아래쪽은 (29)처럼 거의 같은 모습(36)이나 전자는 중심에 십자, 후자는 한쪽 구석에 십자를 가져 무덤일 것 같다. 사미는 여러 영혼을 가져, 신체는 죽어도 영혼은 살아 있다.

(37~39)는 생명을 세계로 가져오고 기르는 3명의 인간이다. (37)은 (44)처럼 몸 위쪽과 팔에 톱 같은 것, (38) 포크 막대, (39)는 위로 향한 나뭇가지로 아카스 그룹이다. 출생 여신 사라카, 어머니–어린이 여신 욱사카, 사내아이 여신 육사카가 차례로 배열되었는지 결정하기 어렵다. (37)은 샤먼 순록(13)과 샤먼의 겨냥(14)를 고려하면 샤먼일 수 있다. 어린이로 (38) 포크 막대가 사라카이기 때문이다.

(40)은 타원 안의 2마리 순록이 위에 있고 사각 체크무늬 밑받침이 아래에 놓여 있다. 순록 무리가 있는 순록 울타리이다. 왼쪽으로 옮겨 다른 연단(41)은 사각 체크 밑받침과 두 보트이다. 낚시 어망과

보트로, 해안과 호수 지역의 사미에는 순록 기르기와 어업이 주 생산이다. 이중선에 4개의 삼각(42)도 사각 체크 밑받침이다. 이것은 4개의 코테를 가진 거주지로, 사미가 거주하는 코테는 삼각형의 텐트이다. 순록 울타리, 보트, 거주지는 다음과 연결, 사미의 특징인 사다리를 가진 육류 저장소 날라(43)인데 야생동물의 도둑을 막기 위해 땅에서 올려놓았다. 프레임드럼1의 마지막은 (37)처럼 톱 같은 몸과 손(44)으로 샤먼 혹은 샤먼 마술의 겨냥으로 추정한다. 다산 신 마데라카로 (16)과 연결해 다람쥐 숲의 해석으로도 가능하다.

프레임드럼 17

드럼은 오세레와 라넨 타입의 배합으로 마름모 태양을 가진다. 원산지는 남쪽 사미 지역으로 스웨덴 라프마르크(Lappmark)를 가정할 수 있다. 현재 라이프치히의 민족박물관에 보관되며, 긴 타원에 비대칭의 이미지 배열이다. 크기는 길이 56cm, 너비 36.6cm, 깊이 7.1~7.6cm의 크기로 소나무로 드럼 프레임을 만들었다. 드럼 막은 순록 가죽으로 딱딱하고 부드러우나 아래는 거칠며 엷은 옐로브라운에 얼룩과 약간의 찢어짐이 있다. 드럼 기호의 페인팅은 오리나무껍질의 레드브라운에 비규칙 층으로, 표면을 긁기 위해 점 찍은 잉크 펜의 획을 볼 수 있다. 단순, 스타일화 드로잉과 사실적인 동물 묘사이다. 드럼은 88 기호로 밀접하여 조잡하다. 샤먼에 관한 기호는 (1) 태양신 속의 샤먼, (14) 드럼을 가진 샤먼, (15~16) 샤먼 동물이 특색이며, 이들은 왼쪽 위로 드럼의 중심 부분이다.

[해석] (1) 태양신과 샤먼, 태양신의 개인화, (2) 3의 제물 혹은 그의 순록, (3) 호라갈레스, (4~6) 3명의 신, 5라디엔 혹은 베랄덴올

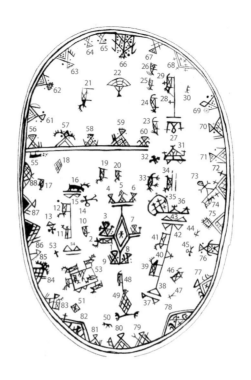

마이, (7) 비에그올마이, (8~9) 아이레케솔막(?), (10) x, (11~12) 길들인 순록, 순록 무리, (13) 코테와 순록 지키기, 거주지, (14) 드럼을 가진 샤먼, (15~16) 코테와 순록 무리의 거주지, 샤먼 동물, (17) 동물, 야생 사냥감, (18) 어망(?), (19~20) 순록, (21) 19~20처럼, 야생동물(?), (22) 보트 제물, (23~26) 동물, 23~24 소/25~26염소, (27~29) 자브메아이모로 가는 길의 말 탄 로타와 인간, 27 무덤 혹은 묘지, 말 탄 농부와 교회묘지(?), (30) 동물, 23~26에 속함, (31) 코테를 가진 채플, 교회, 교회 마을(?), (32) 인간, 목사, (33) x, (34) 순록, (35~36) 죽은 혼의 자브메아이모(?) (사이보 일부?), 35묘지, (37~43) 거주지/순록/지키기의 사이보, (44) 인간, (45) 14처럼, (46) 순록, (47) 인간, (48~49) 낚시와 사냥, 48수달 혹은 해리/49 어망과 보트, (50) 동물, (51) x, (52) 순록과 코테의 순록 울타리(?), (53) 인간 혹은 새(?), (54)

코테, 거주지, (55) 곰, (56~60) 신들 모습, 57토라베라디엔/59 베랄덴올마이, (61~63) 56~60과 비슷, (64~67) 라디엔아트예를 중심으로 한 라디엔, (68) 신성 영역, Passe(?), 교회묘지, (69~71) 56~63처럼, 자브메아이모의 신(?), 69태양(?), (72~74) 자브메아이모와 제물을 가진 인간, 사이보로 가는 길, (75~77) 아카스, 79~81의 대표(?), (79~81) 자브메아이모와 그곳에 사는 인간(?), 아카스. 79사라카/80육사카/81욱사카, (82) 78처럼 거주지, (83) 제물(?)을 가진 제물 장소, (84) 제물 장소, Passe(?), (85) 날라, (86~88) 84와 유사.

플렌지프레임드럼 43

드럼은 캐미 타입으로 플렌지프레임을 가진다. 핀란드의 캐미 라프마르크로 보통 드럼이 노르웨이, 스웨덴에서 발견되는 점에서 이색적이다. 1943년 후 스톡홀름의 노디스카박물관에 보관되었다. 형태는 기울어진 긴 타원, 대칭적인 이미지로 수직적이다. 길이 85cm, 너비 53cm, 깊이 11~11.5cm; 소나무 프레임이다. 다른 드럼 막들과 달리 늙은 순록 가죽으로 만들어 더 두껍고 딱딱하다. 번질거리고 부드러운 옐로그레이로 보관이 잘 되었으나 더러움이 있다. 기호의 페인팅은 오리나무껍질의 레드브라운으로 불태운 인상을 주며 가장자리는 축소되었다. 58개 기호 묘사는 단순, 반은 사실적 드로잉으로 명확하다. 샤먼에 관한 기호는 아래 지역을 점령하여 (54) 샤먼과 병자, 마술에 투쟁하는 샤먼, (55) 샤먼 동물, (57) 샤먼 동물에서 볼 수 있는데 지하 세계와 제식의 기호가 가까이 있다.

[해석] 위쪽 지역: (1) 비옥 혹은 성장 신, 라나네이다(?), (2) 토베라디엔, 호른아디엔 혹은 베랄덴올마이(?), (3) 천둥 신 티에르메스(?), (4) 제물 장소, 장소를(?) 가진 Passe, (5~7) 삼위일체(?)

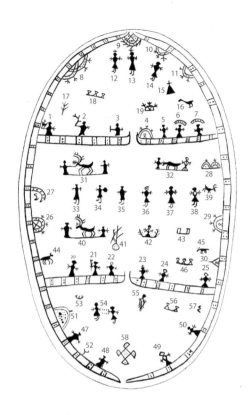

와 상응하는 사미의 짝, (8) 하늘의 현상, (9) 태양신(?), (10~11) 하늘의 현상, (12~14) 오세레 드럼의 라디엔 그룹 연상, 자브메 아이모(?), (15) 채플 혹은 교회(?), 제물 장소(?), (16) 제물 새 혹은 샤먼 새, (17) 좋은 날씨(?), (18) 제물 장소, 돌 제물로 마테라 아카의 전용, (19) 달 혹은 달의 제물 장소(?).

중심 지역: (20~22) 21베랄덴올마이와 그의 하인 혹은 비슷한 자연의 모습(?), (23~25) 오세레의 아카스 연상, 23죽음, (26) 하늘의 현상, (27) 낚시 물 혹은 곰 동굴(?), (28) 제물 장소 혹은 이탄 코테의 거주지(?), (29) 하늘의 현상, (30) 코테, 인간이 있는(?) 텐트 코테, (31) 두 우상 사이의 제물, (32) 31처럼 제물, (33~38) 6명의 인간, 가족/아버지/34드럼 가진 샤먼, (39) 야생 사냥감,

(40) 31과 유사, (41) 다람쥐, 담비, 모피 동물, 사냥감, (42) 가지를 가진 제물 장소(?), 태양, (43) 묘지, 무덤(?), (44) 순록(?), (45) 늑대, (46) 18과 유사.

아래쪽 지역: (47~50) 지하 세계-자브메아이모(?)의 신들, (49~50) 오세레 드럼의 아카스와 상통, (51) 병 혹은 죽음, 자브메아이모(?), (52) 제물 포크, (53) 보트, (54) 샤먼과 병자 혹은 죽음 간의 병(?), 마술에 투쟁하는 샤먼, (55) 샤먼 동물, 해리와 새의 배합, (56) 제물 장소 혹은 제물 제단(?), (57) 뱀, 샤먼 동물, (58) 지하 세계의 특징(?).

플렌지프레임드럼 44

드럼은 케미 타입으로 플렌지프레임이다. 핀란드 케미 라프마르크가 원산지로, 현재 라이프치히 민족박물관에 보관 중이다. 약간의 타원과 무딘 끝에 수직성의 드럼은 길이 66cm, 너비 42.5cm, 깊이 9~10cm의 크기로 프레임 재료는 소나무이다. 드럼 막은 늙은 순록의 가죽이라 두껍고 번질거리며 부드럽다. 그레이/옐로브라운과 페인팅은 때가 타서 그레이브라운으로 변한 컬러이며 어두운 가장자리 드로잉을 볼 수 있다. 샤먼에 관한 기호는 (40) 샤먼과 드럼, (66~67) 샤먼으로 이들은 관련되지 않는다.

[해석] 위쪽 지역: (1) 성장 신(?), (2) 비에그올마이(?), (3) 티에르메스(?), (4) 티에르메스, 그의 하인, (5~7) 제물로 5샤먼 동물/7사냥 늑대, (8) 좋은 날씨(?), (9) 염소(?), 제물(?), (10) 태양 신, 태양의 뜨임이나 짐(?), (11~13) 라디엔의 짝(?), (14) 숭배장소, 거주지, 하늘의 현상인 오로라, (15) 14와 유사, (16) 순록 지키기(?), (17) 16처럼 사냥꾼, (18) 토르베라딘 혹은 베랄덴올마이(?), (19) 마법 신호.

중심 지역: (20) x, (21~23) 베랄덴올마이와 그의 하인 혹은 비
슷한 자연의 모습, (24~25) 아카스, 그와 동등한 모습(?), (26) 나
무, 숲, (27~28) 정착지에 신의 모습이나 인간, (29) 숭배장소 혹
은 무덤(?), (30) 14과 유사, (31) 교회 혹은 교회 무덤, (32) 31과
유사, (33) 거주지 혹은 숭배장소, Passe(?), (34) 인간, (35) 코테,
거주지(?), (36~37) 사냥꾼, (38~39) 곰, 곰 동굴, (40) 샤먼과 드
림, (41) 순록 지키기, (42) 우상의 제물 제단, 티에르메스 혹은
태양(?), (43) 활을 가진 사냥꾼, (44) 새, 43의 전리품, (45) 43과
유사, (46) 막대 쥔 인간, 울타리(?), (47) 병 혹은 죽음 혼, 로타
의 짝(?), (48) 순록, (49) 보트, (50) 새, 오리 혹은 백조, 사냥물
혹은 제물, (51) 해리, (52) 50과 유사, (53) 제물 장소, 제물(?),

165

(54) 53과 유사(?), (55) 53과 유사(?), (56) 순록운송, 아크자의 인간과 순록, (57) 저장소.

아래쪽 지역: (58~60) 아카스나 상통하는 신, 지하 세계 신(?), (61) 지하 세계, 거기로 가는 길(?), (62) 아카스의 1명, 상응하는 모습(?), (63) 신의 모습, 제물 장소(?), (64) 울타리, 불(?), (65) x, (66~67) 지하 세계나 자브메아이모의 모습, 샤먼, 죽음(?), (68) 늑대 혹은 여우, 위험 동물, (69) 개(?).

보울드럼 53

드럼 구성은 라넨 타입, 둥글고 네 광선 태양이 북쪽 타입의 전환기에 특징이다. 원산지는 노르웨이, 스웨덴 라넨 혹은 더 북쪽으로 로마 선사시대-민족박물관에 보관 중이다. 타원에 비교적 넓고 평평한 아래를 가지며 옆은 굽고, 드럼은 오목하다. 길이 39.3cm, 너비 27.7cm, 깊이 8cm의 크기로 소나무와 순록 가죽을 사용했고, 번질거리며 옐로그레이 컬러에 더러움이 끼었다. 기호 페인팅은 오리나무껍질의 레드브라운을 뾰족한 펜으로 어두운 라인을 그렸다. 긁히지 않은 표면으로 부분적으로 컬러와 사실적 드로잉이며 비교적 예술적이다. 드럼은 아주 작은 기호를 가진 20개이다. 샤먼에 관한 기호는 (5) 샤먼으로 신들과 함께 같은 위치를 위쪽에 둠으로써 그의 중요성을 나타낸다.

[해석] 위쪽 지역: (1~4) 신의 열, 1비에그올마이/2티에르메스(?)/3베랄덴올마이/4레이브올마이(?), (5) 보조 혼 혹은 샤먼, (6~8) 라디엔, (9) 사냥감, 순록 제물, (10) 사냥감의 곰, (11) 사냥꾼.

아래쪽 지역: (12) 태양신, (13) 베랄덴올마이, (14) 사냥, (15~17) 아카스, (15) 육사카, (18) 교회, 묘지, 자브메아이모(?), (19~20) 우상의 제물 제단, Passe(?).

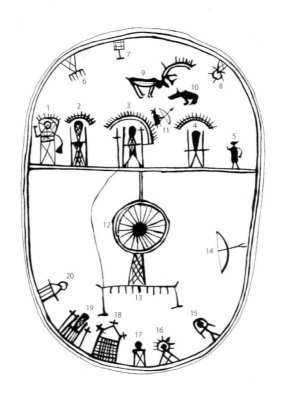

보울드럼 63

드럼의 구성은 라넨의 가장 가까운 변형의 루레 타입으로 위, 아래 영역의 교차 선과 긴 광선이다. 노르웨이 혹은 스웨덴의 루레 라프마르크가 원산지로 1668년 처음 나타났다. 현재 드레스덴 민족박물관에 보관 중이다. 형태 타원이나 아래는 아치형, 옆은 수직이며 평평하다. 길이 49.5cm, 너비 39cm, 깊이 11.5cm로 다른 드럼보다 깊다. 소나무 드럼 프레임에 순록 가죽은 비교적 얇고 반쯤 투명하며 번질거린다. 그레이브라운/옐로브라운이나 더러움이 있고 찢어지며 먼지가 꼈다. 풀칠 자국이 있으며, 기호 페인팅은 오리나 무껍질의 레드브라운, 뾰족한 펜의 획에 사실적 동물과 스타일화한

인간으로 구성된다. 드럼은40 기호를 가지며 샤먼에 관한 것은 ⑺
샤먼-사이보 물고기, ⑽ 샤먼-사이보 새로 샤먼 자체는 찾을 수
없다. 이 드럼은 특히 물고기가 많은데, 드럼이 사용된 지역이 해안
지역임을 알리며 어업이 주 생산임을 강조한다.

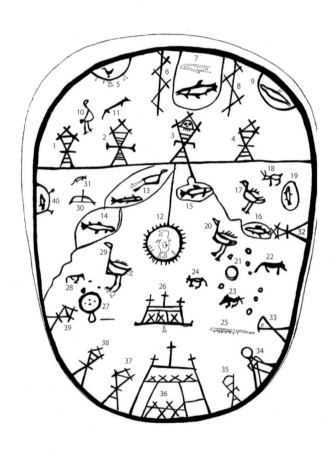

[해석] 위쪽 지역: (1~4) 신의 열, 베랄덴올마이 혹은 레이브올마
이, 낚시 신 차솔마이(?)/2티에르메스, (5) 새 제물을 가진 제물
장소, 태양의 뜸과 짐, (6~8) 사이보 호수, 6, 8 Passe/7샤먼-사이

보 물고기, (9) 물고기 제물을 가진 제물 장소, 낚시장(?), (10) 새 제물 혹은 샤먼-사이보 새, (11) 족제비, 여우 혹은 늑대, 샤먼 동물(?).

아래쪽 지역: (12) 태양과 새 제물, (13~16) 낚시 물, (17) 물새, 오리 혹은 백조, (18) 염소, (19) 13~16과 유사, (20) 17처럼, (21) 함정, 별과 달(?), (22~24) 미끼 동물과 야생동물, 22늑대/23곰, (25) 뱀, (26) 사이보 혹은 자브메아이모, 라디엔 연상, (27) 미끼의 여우 함정, (28) 여우, (29) 20처럼, (30) 31을 향한 활, (31) 모피 동물, 담비 혹은 족제비, (32) 로타와 자브메아이모, (33~35) 아카스, (36) 자브메아이모 혹은 로타아이모, 라디엔과 상통, (37~39) 아카스 재현으로 남성, 다른 기능(?), (40) 낚시 물, 낚시장을 가진(?) 사이보 호수.

보울드럼 71

현존하는 71개의 드럼 중 마지막 것으로 구성은 핀마르크 타입이다. 다섯 분야로 나뉜 특수한 드럼이며, 원산지가 노르웨이 핀마르크로서 이름은 이곳의 핀란드인 거주를 의미한다. 드럼은 1691년 처음 나타났으며, 현재 코펜하겐 인류박물관에 보관 중이다. 타원 형태에 아래는 아치형이고 오목하다. 크기는 길이 43.8cm, 너비 32.8 cm, 깊이 9.9cm의 크기로 소나무 프레임에 순록 가죽의 막을 가진다. 번질거리며 연한 옐로그레이 컬러에 더러움과 실로 꿰맨 자국이 있다. 오리나무껍질의 레드브라운으로 기호(25)를 그렸다. 샤먼에 관한 기호는 넷째 지역의 (22) 샤먼, (24) 샤먼 드럼이다. 죽음세계에 가서 샤먼과 샤먼 드럼은 죽어가는 자를 죽음 여신 자브메아카에서 뺏어내는 역할이다. 혹은 병자를 살리려 그녀를 달래거나 협박한다. 드럼 최고 아래에 이들 위치는 적절하며, 드럼을 만든 샤먼은 이것을 이해한 것 같다.

[해석] 첫째 지역: (1) 바람 신 비에그올마이, (2) 천둥 신 티에르 메스, (3) 사르바 순록, 제물. 둘째 지역: (4) 아침, 오후 태양, (5) 라디엔파르드네의 짝, (6) 라디엔아트예, (7) 교회, 제물 장소, (8) 라디엔아카. 셋째 지역: (9) 마데라카, (10) 사라카, (11~13) 아이레케솔막. 넷째 지역: (14) 달, (15~16) 교회 가는 인간, (17) 교회, 제물 장소, (18) 15~16과 유사. 다섯째 지역: (19) 욱사카, (20) 로타, (21) 데몬, (22) 데몬, 원칙으로 샤먼, (23) 기독교 지옥 불(?), (24) 악마 사슬, 샤먼 드럼(?), (25) 자브메아이모.

170

[스토리텔링] 이 드럼은 프레임드럼 1과 완전히 다르다. 드럼 중간에서 시작하는 마름모꼴의 태양신도 없으며 일반적으로 드럼 기호가 읽어 나가는 원의 형태가 아니다. 우선 첫째 지역은 제일 위(1)로서 왼쪽에 한 포크와 손들을 허리에 대며 팔꿈치를 양옆으로 편 인간이 보인다. 뒤틀린 모습에 제물 포크가 옆에 놓여 있다. 그는 바람 신 비에그올마이다. 오른쪽(2) 모습은 이번에는 T 모양의 막대 혹은 이중 해머를 쥔 인간이 보인다. 해머를 쥔 천둥 신 티에르메스로 이 지방은 호라갈레스의 다른 이름이다. 옆(3)에 순록이 드럼 경계선을 향해 서 있다. 순록은 중요한 야생 사냥동물이지만 신들의 선과 같은 위치로 사르바 순록, 즉 제물 순록이다.

다음(4) 둘째 지역 선에 나타나는 것은 2개의 반으로 나눈 수직 대각선의 타원이다. 태양을 의미하여 수직적은 측선으로 아침과 오후의 태양이다. 옆(5)에 십자 막대를 둔 묵중한 인간은 기독교에서는 하나님의 아들, 사미 종교에서는 우주의 아들 라디엔퐈르드네이다. 역시 왼쪽에 막대를 가진 인간(6)은 막대 끝에 사각형 기를 달고 있다. 기독교의 하나님, 사미에게는 우주 아버지 라디엔아트예 혹은 베랄덴올마이로서, 그의 위치는 드럼 위쪽, 신들의 영역에서 가장 중심으로 전지전능한 존재를 위치만으로도 알 수 있다.

이 두 인간 옆(7)에 나타나는 것은 지붕에 십자들을 가진 건물이다. 틀림없이 기독교에서는 돔 교회, 사미에게는 제물 장소 혹은 지하 천국의 사이보 개념을 반영한다. 이 드럼은 사미가 정령숭배 종교에서 기독교 개종 때 만든 것으로 짐작되는데, 기독교의 십자 기호가 나타나기 때문이다. 다음 모습(8)은 이상한 자세를 취하는 인간으로 오른쪽에 구부러진 막대를 세우고 있다. 삼위일체 기독교에서 성령, 사미에게는 라디엔 그룹의 셋째인 라디엔아카, 즉 우주 어머니이다. 그러나 모습이 단순하고 작아 라디엔아트예의 보조 혼으로 짐작할 수 있다.

셋째 지역의 첫(9) 기호는 막대가 없는 인간으로 몸체가 위 지역에 비해 가는 선으로 처리되었다. 여신들을 나타내며, 특히 아카스의 보호여신 마데라카, 기독교에는 성녀 마리아의 여동생 성 안나이다. 보통 아카스는 드럼 남쪽에 2~3명 그룹으로 위치하나 여기서는 분산된다. 연이어(10) 막대 없는 인간으로 전자보다 조금 키가 크다. 출생 여신 사라카이다.

다음(11~13)은 전부 왼쪽에 막대를 세운 인간들이다. (11~12)은 십자 막대, (13)은 포크 막대이며 작다. 신성한 사람으로 해석, 목사 아이레케솔막이다. 지금까지 중요 신분은 전부 위에 모였다. 중심을 떠나 아래로 내려간다.

넷째 지역 첫 모습(14)은 불규칙한 서클로 이것은 위의 반으로 나누어진 태양과 반대되는 달이다. 태양을 위에 위치시키고 달은 아래에 둠은 흥미롭다. (15~16)은 둘 다 삼각 모습으로 오른쪽에 막대를 가진 두 인간이다. 드럼 소유자 해석을 따르면 교회를 가는 인간이나 본래 의미를 결정하기 어렵다. 아마 위 둘째 지역과 평행할 수 있는데, 위의 모습들과 닮았다. 또 옆(17) 건물은 (7)과 같은 교회, 채플, 제물 장소이다. 흥미롭게 반쯤 위(18)에 땅딸막한 모습으로 오른쪽에 포크 막대를 가진다. 15~16과 같은 해석이다.

마지막으로 다섯째 지역은 지하 세계로 막대가 없는 인간(19)이 보인다. 위쪽에서 두 아카스가 위치했는데 여기도 아카스의 어린이 여신 욱사카가 나타난다. 경사진 아래(20)도 막대 없는 인간이나 여기 해석은 죽음과 병의 신 로타 혹은 로타의 짝이다. 일반적으로 로타는 다른 드럼들에서 말 위에 탄 모습으로 위 오른쪽 경계에 나타난다. 따라서 로타는 죽음 세계에 사는 로타 모습 같다.

(21)도 막대 없는 인간으로 팔의 펼침이 전자와 다르다. 화가 난

데몬으로 원칙상 아카스 자리이다. 그 위 오른쪽 경계(22)는 인간으로 그의 하체는 나무 그루터기로 묶였다. 이 또한 화가 난 데몬 혹은 죽음 세계의 지배자일 것이다. 샤먼으로도 가능한데, 옆(24)은 드럼으로 이곳을 방문한 샤먼이다. (23)은 세 수직선으로 불로 해석하나, 기독교 지옥 공포의 뜨거움이나 지옥의 잡아당기는 인간일 수 있다. (24)는 부분적으로 볼 수 있는 타원의 교차로서 악마의 사슬 혹은 샤먼 드럼으로 추측한다. 드럼은 직사각형(25)으로 끝나는데, 사이보가 가리키는 죽음 세계 자브메아이모이다.

71 드럼 분석 개요

로타–샤먼–드럼의 배합

이 분석은 죽음 신(로타), 샤먼, 드럼 간의 연관성을 찾는 것으로, 어떻게 샤먼이 드럼을 통해 로타와 연락함인가이다. 세 기호(로타, 샤먼, 드럼)의 배합이 71개 드럼에 평가된다. 드럼의 기호 해석은 (1) 사미 참고문헌, 특히 망케의 해석, (2) 시각 코뮤니케이션에 훈련된 필자의 관찰이다.

척도로 디자인 요소인 모양(Shape)이 사용, 여기서는 사각과 삼각이다. 사각은 모양의 한 속성으로, 선사시대에 나침반의 네 끝을 가리키며, 상징적으로 원형의 하늘에 반대되는 땅을 의미한다. 하나님이 창조에서 명백히 밝힌 초기 존재와 정적인 완벽이며, 능동적인 생의 순환에 대조되는 죽음의 고정이다. 건축 상징에서 사각은 정착자의 견고한 건물로 특히 신성한 건물에서 초월적 지식을 의미한다. 또한, 영속과 안정의 부적으로 원시적 단순함에 복귀하는 네 요소의 신비스러운 연합이다. 피타고레스 사상에 의하면 사각은 영혼을 상징한다.

한편 게슈탈트(Gestalt) 심리학은 인간 관심이 삼각의 수직과 수평적 움직임에 매료되는 것을 주장한다. 참여자는 수직(중력)과 수평(서 있는 수준) 방향에서 자신의 생리 위치로 해석된 기호로서 그들을 배치한다. 만일 그것의 정점에서 수직으로 판정되면, 움직임을 가진 방향을 얻는다. 수평 기초의 삼각은 안정과 영속의 느낌이고, 반전

된 삼각은 더 적극적 성격이다. 상징주의에서 삼각은 우주 (하늘/땅/
인간, 신체/마음/정신)의 삼중 성질이다. 정삼각은 완성을 묘사한다. 위로
향한 삼각은 생, 불, 남성, 정신세계, 그리고 사랑/진실/지혜의 삼위
일체를 상징한다.

분석(이미지와 분석 도표)

로타(40개): 위 오른쪽(27), 중간 오른쪽(8), 중간 중심(1), 아래
중심(1), 아래 왼쪽(1), 아래 중심(2). 로타는 오세레 프레임드럼
의 위 오른쪽에 위치.

드럼(18개): 드럼25는 2개 드럼 기호를 가짐. 위 오른쪽(2), 위 중
심(1), 중간 중심(3), 중간 왼쪽(4), 아래 오른쪽(1), 아래 중심(4),
아래 왼쪽(4). 드럼은 중간 왼쪽, 아래 중심, 아래 왼쪽에 동등하
게 나타나는데, 즉 아래와 왼쪽이 주가 된다.

샤먼(35개): 여러 드럼에서 2명 이상의 샤먼이나 샤먼 비슷한 존
재. 위 오른쪽(6), 위 중심(2), 중간 오른쪽(2), 중간 중심(7), 중간
왼쪽(9), 아래 오른쪽(6), 아래 중심(8), 아래 왼쪽(7). 샤먼은 중
간 왼쪽이 빈번하며 다음은 아래 중심이다.

도표

로타-샤먼-드럼은 직선, 정삼각보다 긴 삼각 모양으로 주로 연결
된다.

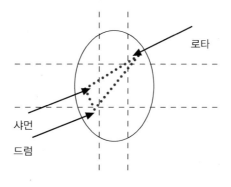

해석

위쪽의 로타가 샤먼과 드럼에게 제물을 지시하면, 이들은 로타의 명령을 실행해야 한다. 샤먼과 드럼은 같이 행동하거나 단독일 수도 있다. 사미 세계관의 세 영역처럼, 최고 위는 신의 세계, 중간은 인간 세계, 아래는 지하 세계임을 증명하며, 드럼은 지하 세계를 부르는 도구이다.

로타-샤먼/드럼-순록의 배합

이 분석은 죽음 신(로타), 인간(샤먼 혹은 드럼), 제물(순록 혹은 사이보 동물) 사이의 연관을 찾는 것으로, 사미가 자연의 조화를 바람의 증명이다.

로타

(1) 71개 드럼에서 40개가 로타 모티프다. (2) 42개 프레임드럼에서 34개(드럼1, 3~5, 7~8, 10~22, 24~33, 35, 37, 38, 40~41)가 로타나 로타를 의미하는 유사한 기호이다. (3) 29 보울드럼에서 6개(47, 50~51, 55~56, 71)가 로타나 유사한 모습이다. (4) 남쪽 드럼이 절대적으로 북쪽 드럼보다 로타를 가진다. (5) 남쪽 드럼이 북쪽 로타에 비하면 전통 모습이다.

로타-샤먼/드럼-순록

프레임드럼 22개(1, 3, 7, 10, 11, 14~15, 17, 19, 21, 22, 25~28, 30~31, 33~34, 37~38, 40)와 보울드럼 1개(51)가 세 모티프를 전부 가진다.

도표

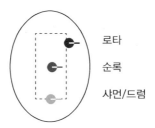

로타

순록

샤먼/드럼

해석

세 모티프의 배합이 22개 드럼에서 나타났다. 결과는 사각(13)이 삼각(9)에 우선이다. 자연과 환경 조화에 사미의 바람을 제시하며, 사미가 농업 정착인 탓일까? 가장 인기 있는 로타는 위 오른쪽에, 샤먼은 아래 중심, 순록은 중간 중심이다. 이 결과는 질문을 일으킨다. 시각적으로 로타(위)와 샤먼-드럼(아래) 사이에 순록(중심)의 위치는 무엇을 뜻하는가? 순록이 신들의 희생물로 중심에 존재하는가? 그렇다면 신 중에 특히 로타를 영예롭게 하여 사미의 일상생활을 성공과 안전으로 이끌어야 한다.

신-인간-동물의 배합

'대표적인 드럼들의 해석'에 소개되었던 프레임드럼1, 프레임드럼17, 플렌지프레임드럼43, 플렌지프레임드럼44, 보울드럼53, 보울드럼63, 보울드럼71에서 신-인간-동물의 배합을 알아본다.

- 프레임드럼1: 세 기호는 골고루 분포되며 위치는 중심과 왼쪽이다. 나타나는 숫자에 신, 동물, 인간의 차례이다.
- 프레임드럼17: 세 기호는 밀접하게 골고루 분포되었고, 중심과 아래 왼쪽을 제외하고는 활동이 전반적으로 일어난다. 나타나는 숫자에 신, 동물, 인간의 차례이다.
- 플렌지프레임드럼43: 세 기호는 골고루 분포되었지만, 신은 위와 아래, 인간은 중심, 동물도 중심과 가끔 위, 아래이다. 나타나는 숫자에 신, 동물, 인간의 차례이다.
- 플렌지프레임드럼44: 세 기호는 골고루 분포되었고, 신은 위와 아래, 인간은 신의 열 사이, 그리고 동물은 전체에 퍼진다. 나타나는 숫자에 신, 동물, 인간의 차례이다.
- 보울드럼53: 신이 아래 왼쪽을 제외하고 세 기호는 골고루 분포되었고, 위쪽이다. 나타나는 숫자에 신이 우선하며 인간과 동물이 동등하다.
- 보울드럼63: 동물과 신이 골고루 분포, 동물은 위, 중심이다. 신이 우선하며 동물이 그 다음, 인간은 나타나지 않는다.
- 보울드럼71: 세 기호가 전체적으로 골고루 분포되었다. 나타나는 숫자에 신, 인간, 동물의 차례이다.

드럼	숫자 순위	신 1	인간 3	동물 2
프레임드럼1		1	3	2
프레임드럼17		1	3	2
플렌지프레임드럼43		1	3	2
플렌지프레임드럼44		1	3	2
보울드럼53		1	3	2
보울드럼63		1	3	2
보울드럼71		1	3	2

결론: 대표적인 7개 드럼들에서 신이 우선이며 다음은 동물, 마지막으로 인간이다. 세 기호의 분포는 골고루 전체적으로 퍼졌다. 결과는 사미의 종교 사회에 신과 동물의 중요성을 제시한다.

프레임드럼 1

기호 숫자/퍼센트	신(레드)	인간(블루)	동물(옐로)
44/100%	13/29.5%	10/22.7%	12/27.2%

- 드럼에 나타난 44개 기호에서 (1) 신 13개, (2) 동물 12개, (3) 인간은 10개이다. 신이 29.5%로 첫째이다. 그러나 신과 인간으로 동시 해석되는 3개의 기호를 신의 숫자에서 빼면, 동물이 첫째이다.
- 전체: 세 기호가 골고루 분포되며 위치는 중심과 왼쪽이다. 신은 태양 광선을 둘러싸고, 인간은 중심과 오른쪽, 동물은 중심과 왼쪽이다.
- 신과 인간: 신과 인간은 태양 중심에서 가까운데 광선 아래의 아이레케솔막 탓이다. 일반적으로 인간은 위 오른쪽과 아래이다. 신과 인간은 연결이 없다.
- 인간과 동물: 인간은 오른쪽, 동물은 왼쪽으로 연결이 없다.
- 신과 동물: 신 옆에 동물은 아마 제물이거나 제식과 관련, 혹은 신의 동물이다.

기호 \ 숫자/퍼센트	신(레드)	인간(블루)	동물(옐로)
88/100%	26/29.5%	15~16/17~18.1%	22/25%

- 71개 드럼에서 가장 기호가 많은 드럼으로 88개이다. (1) 신 26
  개, (2) 동물 22개, (3) 인간은 15~16개이다. 신은 29.5%로 인
  간보다 훨씬 많다.
- 전체: 밀접하게 골고루 분포되었고, 중심과 아래 왼쪽을 제외하
  고는 활동이 전반적으로 일어난다. 신은 위쪽, 인간은 중심부,
  동물은 세 영역에 나타난다.
- 신과 인간: 태양 광선과 위쪽에 주요 신, 오른쪽은 죽음 세계,
  아래는 아카스 여신이다. 인간은 중심에서 움직이며 오른쪽의
  신과 연결한다. 위, 아래의 신과 연결되지 않는다.
- 인간과 동물: 동물도 인간처럼 중심에 활동하나 위, 아래에도
  있다. 인간과 동물은 중심에서 연결된다.
- 신과 동물: 동물은 신과는 다소 거리가 멀다. 동물이 신의 제물
  보다 사미의 일상생활에 활동하는 것 같다.

플렌지프레임드럼 43

숫자/퍼센트 \ 기호	신(레드)	인간(블루)	동물(옐로)
58/100%	17/29.3%	9/15.5%	11/18.9%

- 드럼에 나타난 58개 기호에서 (1) 신 17개, (2) 동물 11개, (3) 인간은 9개의 차례이다. 신은 29.3%로 인간보다 거의 2배, 동물은 인간보다 조금 더 많다.
- 전체: 모두 골고루 분포되었지만, 신은 위와 아래, 인간은 중심, 동물도 중심과 가끔 위, 아래이다. 신과 동물이 가장자리를 둘러싸고 인간은 그 사이에 있다.
- 신과 인간: 신은 위와 아래 영역을 독점하여 인간은 단독으로 있다. 수평선으로 신과 인간의 연락은 다소 먼 기분이다.
- 인간과 동물: 인간은 중심, 동물은 중심 양쪽에 있어, 동물이 신의 중재자로 보인다. 동물은 제물이고, 중심의 인간은 샤먼을 포함한 사미 가족이다.
- 신과 동물: 동물은 제물로 신과 연결한다.

플렌지프레임드럼 44

기호 숫자/퍼센트	신(레드)	인간(블루)	동물(옐로)
69/100%	19/27.5%	12/17.3%	14/20.2%

- 드럼에 나타난 69개 기호에서 (1) 신 19개, (2) 동물 14개, (3) 인간은 12개이다. 신은 27.5%이며, 인간과 동물 간에는 별 차이가 없다. 신, 인간, 동물을 합친 숫자 45는 69개의 전 숫자에 비해 60%를 차지한다. 즉, 다른 기호도 많이 사용된다.
- 전체: 모두 골고루 분포되었고, 신은 위와 아래, 인간은 신의 열 사이, 그리고 동물은 전체에 퍼진다. 동물이 신과 인간의 중재자로 보인다.
- 신과 인간: 신은 아래와 아래 왼쪽 가장자리, 위와 전 가장자리에 있는데, 위 열의 경우 인간과 연결한다. 아래 열에는 거의 인간과 접촉이 없다.
- 인간과 동물: 인간이 중심의 왼쪽, 동물은 중심과 오른쪽이다. 인간은 서로 뭉치고 동물은 다소 펴져, 인간과 동물이 대결하는 것 같다.
- 신과 동물: 위쪽 열에 반은 신, 반은 동물로 제물인 것 같다. 위 영역에서 신과 동물 관계는 밀접하고 아래는 그렇지 않다.

숫자/퍼센트 〳 기호	신(레드)	인간(블루)	동물(옐로)
20/100%	12/60%	2/10%	2/10%

- 이 드럼은 가장 적은 숫자의 기호 20개이다. 절대적으로 신이 드럼을 독점한다. (1) 신 12개, (2) 인간과 동물 각각 2개로, 신은 인간과 동물보다 6배인 60%를 차지한다.
- 전체: 신이 아래 왼쪽을 제외하고 골고루 분포되었고, 위쪽이다.
- 신과 인간: 신은 태양 중심과 위쪽, 일부는 아래이며, 인간은 중심과 아래에 나타나지 않는다. 위쪽에 인간은 신과 연결하지 않는다.
- 인간과 동물: 위 열에서 인간은 사냥꾼으로 동물과 접촉하는 한편, 보조인으로 신들과 접촉하나 인간의 의미는 중요치 않다.
- 신과 동물: 연관이 거의 없다.

기호 숫자/퍼센트	신(레드)	인간(블루)	동물(옐로)
40/100%	12/30%	x/0%	22/55%

- 동물의 우월성은 40개 기호에서 (1) 동물 22개, (2) 신 12개, (3) 인간은 없다. 55%의 동물과 30%의 신의 조화로, 어업 중심의 사미 지역이다.
- 전체: 동물, 신이 골고루 분포, 동물은 위, 중심이다.
- 신과 인간: 인간은 보이지 않아 신과 연결이 없다.
- 인간과 동물: 부재한 인간은 동물과도 연결 없다.
- 신과 동물: 위 열의 신이 위의 동물을 보호하고, 아래의 신은 중간 지역 동물이다. 위의 신이 동물과 더 접촉하는 것 같다.

기호 숫자/퍼센트	신(레드)	인간(블루)	동물(옐로)
25/100%	13/52%	6/24%	1/4%

- 이 드럼도 역시 적은 숫자로 25개 기호이다. (1) 신 13개, (2) 인간 6개, (3) 동물 1개로 동물은 거의 없다고 할 수 있다. 신은 52%로 인간보다 2배 이상이다.
- 전체: 신이 우월하며, 전체적으로 골고루 분포되었다.
- 신과 인간: 신은 위, 아래나, 인간과 중심에서 위치를 나누며 연결한다. 아래 두 기호는 신 혹은 인간으로 해석된다면 서로 접촉한다.
- 인간과 동물: 인간은 중심, 동물은 위로 연결이 없다.
- 신과 동물: 최고 위에 있는 유일한 동물은 제물로 신과 관련된다. 그렇지 않고 다른 영역에서는 관련이 없다.

로크 아트

기호학

로크 아트(Rock Art)의 복수 의미

로크 아트는 19세기 예술로 추정되며 사냥, 비옥을 위한 마술과 토템 숭배로 연결되었다. 그 후 프랑스 구조주의자들은 이것을 상징으로 간주하고 로크 아트 이미지들에 연상되는 성별이나 대표하는 사회 그룹으로 분류하였다.

스웨덴 보후스란의 타눔(Tanum) 로크 아트

역사적인 초기 조사들은 선택한 이미지들에만 의존하였으나, 1960년도 후 전체적 접근법이 적용, 양적 방법에 언어 모델까지도 영향 끼쳤다. 즉, 구문(syntax)으로 읽는 시도로서 암석 표면을 책의 한 페이지로 간주, 암석들의 열려진 틈, 대면 방향과 위치, 자체의 뜻, 무속신앙의 지하 세계에서 의미를 찾는 점이다. 시칼라(1992)는 무속신앙이 유라시아의 북쪽 사냥에서 특징임을 지적, 핀란드 로크 아트는 강 교차에 주로 이루어지며, 이곳은 사냥 동물이 만나는 신성한 장소이다. 또 동물 보호자와 수호신의 접촉은 샤먼에 의하며, 샤먼은 이 동물 영혼을 묘사하는 새 이미지를 제식을 통해 만들거나, 암석에 이미 있는 이미지들을 사용한다.

따라서 로크 아트의 새로운 접근법은 장소 그 자체의 중요성이다. 암석 표면이 현 세계와 영혼 세계 간의 침투 막으로, 거기에 제작된 이미지들은 연관성을 가져 침투막의 이미지들은 눈에 보이지 않는 영적 실체와 접촉한다. 오늘날 대부분 로크 아트 전문가는 이 비판적 추정을 인정한다. 남아프리카와 오스트레일리아의 민족지적(ethnography)은 증명하기를,

> 권력 개념을 통한 보이지 않는 힘에 접근의 탐구와 통제는 로크 아트 생산에 기초가 되는 주 요소이다.[35]

클로트와 루이스 윌리엄스는 『The Shamans of Prehistory: Trance and Magic in Painted Caves』(1998)에서 서양 사회는 알고 설명하려는 욕망으로 다른 사회에 다른 신분을 가진 것의 지식을 당연히 받아들인다. 오스트레일리아와 아메리카 원주민들 사이에 지식은 모든 사람의 권리가 아니고 설명해야 할 의무도 없다. 필요를 가지지 않으며 모든 것을 알아야 할 권리는 더 적다.

---

35 The quest for access to, and the control of unseen forces through concepts of power and potency is a primary factor underlying the production of rock art. (Vinnicombe & Mowaljarlai, 1995:243)

인간의 성별, 개시의 정도, 사회 위치에 따라, 그/그녀는 지식의 특수한 수준에 접근한다. 그러나 자기 자신 이상의 영역에 잠식함은 상상도 할 수 없다. 확실히, 같은 이미지들이 다른 사람을 위해 다른 의미를 가진다. 각 드로잉은 우리가 오직 오늘날 감지할 수 있는 복잡성으로 다른 수준에서 소통 수단으로 그 자체의 메시지이다.[36]

선사시대 사미 사회의 지식 분포는 나이, 성별, 사회 위치와 전문역할에 의존하였다. 중세시대 사가 스토리를 포함하여 북스칸디나비아의 첫 기록들은 제식 전문가인 사미 샤먼의 마술을 언급하며, 마법, 예언과 드럼으로 유도하는 광란의 어두운 세계는 여러 층이 있는 무속 우주론에서 다양한 각도로 이미지들을 통해 접근할 수 있었다. 과거에 한 관측자에게 인식된 항해 보트는 다른 사람에게 다른 의미로 전한다. 이 문맥에서, 남스페인 로크 아트 이미지들의 복수 의미의 특징은,

암석 조각들은 실제의 것들(보트, 도끼, 다리 등등)과 일어났던 제식과 행사들의 측면, 그리고 세계의 기원과 순서들에 관한 신화적 원칙들을 동시에 대표할 수 있다. 그들의 힘과 중요성은 사회와 우주 영역, 살아왔던 생활, 제식 관행과 우주론, 사회 순서의 원칙, 우주 순서의 원칙들과 연결하고 관련되는 이 능력에 거주한다.[37]

---

36 Depending on a person's gender, degree of initiation, and position in society, he or she has access to a specific level of knowledge, and it would be inconceivable to encroach upon a domain other than one's own. It is clear when that the same images will have different meanings for different people. Each drawing is a message in itself, a means of communication at different levels, whose complexity we can only sense today. (Clottes & Lewis-Williams, 1998:61)

37 The rock carvings could both simultaneously represent 'real' things (e.g. boats, axes, feet, etc.) and aspects

해석의 네 접근법

클로트(1995)는 지난 100년간 로크 아트 연구가 시기에 따라 접근에 강조가 바뀌었지만 세 접근의 혼합을 제시했다.

(1) 예술 내용 연구: 프랑스나 스페인의 구석기 로크 아트는 거기 묘사된 다양한 동물 종류, 그들의 비교적인 크기, 성별, 묘사 테크닉에 접근한다.

(2) 고고학적 평가: 인간의 방문을 통해 이미지들이 제작된 동굴이나 연대를 알아냄이다. 종종 암석 표면의 이미지들은 예술 공예에도 묘사되어, 로크 아트의 날짜나 해석을 돕는다.

(3) 로크 아트를 만든 전통 사회와 민족지적인 유추와 비교는 현재나 과거 사이의 더 정확한 정보를 설립한다.

루이스 윌리엄스(1981)는 넷째 접근으로 남아프리카 산(San)족의 민족지적인 연구에 신경 생리학과 일반 통찰의 배합을 제시했다. 무속적 해석에 의하면, 예술은 한 인간이 의식의 변경된 상태(광란, 환각)에서 보는 것(혹은 보고자 바라는 것)의 표현이다. 한 대상 혹은 한 동물이 문화적으로 중요할 때 그것은 더욱더 인간 사고에 퍼져 그의 환각에 특색을 이룬다.

동굴과 암석 표면은 지하 세계로 이루는 장소이며, 영혼-동물들의 초자연적 힘이 제식을 행사하는 샤먼에 의해 접근된다. 표면의

---

of ceremonies and events which took place, and mythic principles about the origins and ordering of the world. Their power and significance resided in this very capacity to link and relate the social and the cosmological domains, life as lived, ceremonial practices and cosmologies, principles of social order and principles of cosmic order. (Tilley, 2004:197)

이미지들도 연관되는 장소이므로, 로크 아트는 거의 모든 사냥-채집 사회에서 인간이 경험하는 무속 환상들을 여러 형태로 고착, 조절, 기념하는 시도이다.

로크 아트의 네 접근 융합에서 적절한 연구 방법은 역사 민족학과 다른 사회의 연구를 겸비하는 기호학이다. 이미지들의 내용을 더 넓은 문맥으로 다루며 그들의 상징 의미를 분석하는 전체적 접근이다.

기호의 세 타입: 도상, 지표, 상징

기호학의 창시자 퍼스는 제창하기를, 기호학(Semiotics)은 코뮤니케이션의 효과 수단으로 언어(행동, 단어, 이미지)는 기호(Sign)의 세 종류(도상Icon, 지표Index, 상징Symbol)로 표현된다.

기호학은 여러 분야에 사용되었다. 예를 들어 피르스(1973)는 사회 인류학의 의식 연구에 이것을 제안했고, 일부 학자들은 타이 불교, 뉴기니 종교, 러시아의 마법 치료 의식에 응용하였다. 또 라파포(1999)의 종교의식의 일반 이론과 데아콘(1997)의 언어 진화 분석에도 기초가 되었다. 프로셸과 바우어(2001)는 퍼스의 모델이 고고학자들의 물질문화 접근에 훌륭한 방법임을 주장했다. 대부분 예술공예는 복수 의미를 가져, 대상과 기호 간에 세 가지 기호의 해석 가능성이 조사되어야 한다.

지표는 그것의 의미하는 것에 직접 관련된 기호이다. 만일 사자를 찾는 사냥꾼이 모래에서 어떤 발자취를 보면, 이것은 그의 사냥 통로에 지표가 된다. … 도상은 그것과 닮음으로 그 대상을 대표하는 한 기호이다. … 우리는 동물들에 결정되는 그들 형태와 비

율 덕택으로 사자를 한 도상으로 간주할 수 있다. … 상징은 오직
관행 혹은 조약에 따른 할당을, 혹은 해석자의 자연적 처분으로
그 대상에 의해 결정, 해석될 것이라는 의미에서 기호이다.[38]

모든 인간에 공통 의미를 부여하는 자연적 상징은 없다. 사자
는 한 문화에서 '용감'으로, 다른 문화에서 다른 규칙을 가진다.
남아프리카 산족의 암석 페인팅에서 사자들은 광란 상태에 여행
하는 샤먼의 몸 바깥 경험이다. 노르웨이 우르네스 스타브 교회
(1150~1175)의 사자 모티프는 기독교를 상징한다.

도상의 유사는 그것의 해석에 직선적이나, 한 이미지의 지표와
상징을 이해하려면 시간과 장소에 그것의 오리지널한 문맥을 재구
성해야 한다. 만일 '경고'의 기호가 길이나 위험을 뜻하면 완전한
의미를 가지는 것처럼, 문맥을 통한 지각된 이미지는 더 풍부한 의
미를 지닌다.

그러므로 암석 조각 자체가 표시하는 도상적 의미를 넘어, 암석
표면이 특수 의미를 가졌는지, 특수 시간에 방문되었는지, 특수 제
식에 기억할 만한지를 신호하는 지표로 고려되어야 한다. 도상과
지표의 역할을 동시에 갖는 이미지는 상징에서 보이지 않는 것을
대표하여 서로 간에 합의된 의미를 가진 기호가 될 것이다. 상징은

---

38 An index… [is] a sign directly related in fact to what it signifies. If a hunter in pursuit of a lion sees a
certain kind of footprint in the sand, this is an index to the passage of his game. […] An icon is a sign that
represents its object by resembling it. […] We might regard the statue of a lion as iconic by virtue of it having
its form and proportions determined by those of the animal. A symbol … [is] a sign determined by its object
only in the sense that it will be so interpreted, an allocation dependent on habit, convention or agreement,
or natural disposition of the interpreter. Following out example, a lion is a symbol of bravery by convention.
(Firth, 1973:61)

이미지가 만들어지거나 혹은 보여진 특수 제식에서 우주의 힘을 강하게 전달한다.

현대 서양인들에게 기독교 십자는 명확하다. 그들은 이 이미지에 익숙하고 예수가 십자에 못 박힌 도상으로 그 기원을 안다. 단순한 형태로 기독교의 상징 기호이며, 건물에 표시된 십자는 기독교 숭배장소의 지표로 추측한다. 도상, 상징, 지표로서 십자는 기호학적 능력을 갖춘 자와 문화적 의미의 같은 세트를 이어받은 자에게 복수 의미(semantic)를 전한다.

로크 아트는 이 복수 의미를 위한 예정된 기호로서 분석, 따라서 스웨덴에 위치한 바드예란다 로크 아트에 나타난 기호들의 도상, 지표, 상징에 적용되어야 한다. 기호와 대상 간에 이미지와 지방성, 이미지와 제식, 이미지와 상징적 연상을 조사하며, 이 이미지들과 실제 세계의 보트, 인간, 동물의 유사성에서 더 잠재한 의미들을 발견함이다.

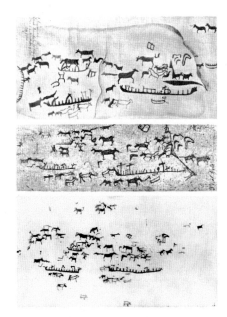

북스웨덴 남프르센의 릴포스할란(Lill-forshällan)의 대규모 파넬, 드로잉. 위: Ekdahl(1828), 중간: Mandelgren(1868), 아래: Hallström(1960). 로크 아트 시각화에서 더 상세 묘사(일러스트레이션: J. M. Gjerde)

이미지 역할

이미지는 불변하는 예배 규범(liturgical canon)의 정보를 참여자들에 제공한다. 이 정보 타입을 라파포는 영적, 개념, 혹은 추상으로 특징지으며 상징으로서 규범은 전통에서 이어받은 믿음 양식이다. 이런 식으로 의식도 참여자들이 적합하다고 느끼는 특정 행위와 발언을 통해 기록하는 지표로 '자기 창조'의 정보를 포함한다. 모든 의식에서 규범과 자기 창조의 정보는 이들의 전반적 유효성을 위해 의존한다. 암송, 노래, 행동을 포함한 예배는 이들을 재강화하며, 특수 복장, 머리 모양, 몸치장은 추상 아이디어의 시각 소통에 효과적이다.

예로, 남아프리카의 큰 영양(eland)은 종족의 상징으로 의식 행사에 고기를 공급하고, 무언극에서 개념과 이미지로 사용된다. 이것이 의식 춤, 결혼 예식, 무속 관행, 암석 페인팅에 나타남에 따라 루이스 윌리엄스(1981)는 산족의 믿음제도에 영양의 기본 상징과 복수 의미를 제시했다. 그러나 한 기본 상징이 의식 도중 암석 표면에 묘사되면, 이 복수 의미는 더 도움 주지 않아, 그것의 문맥을 이해함이 이미지의 의미에 성공적인 분석이다.

> 한 영양의 그림이 다의적 의미임을 가정함은 잘못이다. 대조적으로 영양의 그림이 추상 상징의 한 문맥화된 표명이므로, 그것은 확산한 의미적 집중보다 오히려 한정된 의미를 가진다.[39]

---

39 It is wrong to assume that a painting of an eland is the polysemic symbol. On the contrary, a painting of an eland is one contextualized manifestation of the abstract symbol, and, as such, it will have a restricted rather than a diffuse semantic focus. (Lewis-Williams, 1998:89)

하나의 기본 상징이 한 가지 이미지로 표명될 때 신성한 장소와 의식 시간에서 지표의 의미를 만든다. 참여자들에게 더 연관성을 제공하는 상징보다 지표는 특정 장소에서 특수 의식을 의미한다. 로크 아트 이미지는 문화 풍경에 지속적인 마크로, 신화가 표현하고 의식들이 합법화하는 우주적 아이디어를 재강화하고 기억들을 강화한다. 동시에 이미지는 구두로서 효과적으로 전해질 수 없는 아이디어에 상징 표현의 시각적 은유이다. 도상, 지표, 상징으로서 로크 아트 이미지에 신화와 의식을 연결하면 문화적 의미가 풍부해진다.

이미지 위치

로크 아트는 한 지점에 고착되며 이미지들은 지방적 문맥으로 별도 의미를 가진다. 장소는 그것의 양상, 열린 혹은 숨은 자연, 어떻게 암석 표면이 지각되는가를 포함한다. 시간상으로 제작, 특별 방문, 계절, 제식의 정보가 이 이미지들을 재구성하고 부가 의미를 찾을 수 있다.

일반적으로 로크 아트는 한 그룹의 삶, 시간, 장소에서 이루어지지 않는다. 종종 장소들은 다른 시간에 다른 목적으로 다른 사람에 의해 마크되고 사용되었다. 자연히 이미지들이 여기에 생산되었고 이들은 예전의 것들과 복잡하게 연결한다. 각 이미지는 다른 것과 관련하며, 위치를 가진다.

이 점에 루이스 윌리엄스(1981)는 네 가능성 연구를 제시했다.

(1) 활동 그룹(Activity groups): 활동 그룹(경치 그룹) 이미지들이 한 스토리를 만든다는 가정이다. 기억 혹은 상상으로서, 이들은 실제 장면의 도상적 재현을 형성하고, 실제 행사의 스케일 모델이 된다.

(2) 병렬(Juxtapositioning): 자연이나 인간 활동에 없는 것을 재현함은 다른 의미를 전한다. 병렬을 통해 사용된 이미지들은 상징에 강력한 스토리 방법으로 로크 아트나 광고에서 볼 수 있다. 예로 스웨덴 **Explore Vodka** 병에 묘사된 바이킹 보트는 보드카와 함께 모험, 용기, 국가 자존심의 상징을 병렬하여, 현대 소비자에게 강한 상징 이미지를 전한다.

(3) 중첩(Superpositioning): 병렬에서 각각의 형태는 도상이지만, 중첩은 두 상반된 도상들의 스토리를 연결하고 상징 의미를 만든다.

> 중첩은 예전 가정된 대로 항상 전임자들의 일에 한 임의적인 무시 결과가 아니다. 그러나 종종 일정한 규칙에 지배되는 페인팅들을 연결하는 수단으로 되어왔다.[40]

(4) 융합(Conflation): 융합에서 이미지의 도상 형태는 사라진다. 묘사된 것들은 자연의 어떤 것도 닮지 않고, 그 대신 한 도상을 다른 요소와 배합, 이들 간의 유사성을 제시한다. 아프리카 산의 암석 페인팅에 큰 영양 머리와 발굽 인간, 혹은 오스트레일리아 원주민 로크 아트에 무지개 뱀은 식물을 포함한 다른 창조물의 요소로 만들어졌다. 사미 드럼에 융합 모티프는 1689년 드럼44:3에 처음 나타나는데, 순록 위에 서 있는 인간은 티에르메스/호라갈레스를 명시하는 병렬로 해석된다.

---

40 Superpositioning was not, as had previously been supposed, always the result of a random disregard for the work of predecessors, but might sometimes have been a means of linking paintings that was governed by definite conventions. (Lewis-Williams, 1981:11)

드럼 44:3에 순록과 티에르메스(Manker, 1938)

　동물과 인간이 함께 활동 그룹이란 견해가 과거의 예술 재현에 지배적일지라도, 예술가의 상징적 차원을 부정한다. 스타일화된 병합, 오리지널한 의미들의 반복과 추상으로 거의 읽어버린 모티프를 상징화했는데, 오직 능력 있는 목사/샤먼이 이 기호를 풀며 도상 이미지들의 병렬로 이 기원을 기억게 한다. 십자에 못 박힌 자가 기독교 상징이듯, 바드예란다 로크 아트의 초기 의인화 이미지들은 융합으로 우주력을 상징했다.

사미 로크 아트

　스칸디나비아 청동기 예술은 남쪽 농업 사회와 주로 연결, 북쪽의 사냥 로크 아트는 거의 무시되었다. 20세기 노르웨이의 알타(Alta 1972) 외 여러 유적지가 발견됨에 관심 쏠렸고, 정착지, 사냥, 무덤, 희생 장소, 다른 잔재물 흔적은 산 내륙지역과 계절 정착지에 관해 수천 년을 증명한다.

　북쪽의 로크 아트는 해안, 산림 지역으로 한정되며, 페인팅과 새긴 조각이다. 거의 모든 암석 조각은 물과 관련, 해안선, 포효하는 급류 강을 따르거나 호수에 가까운 낭떠러지와 암석들로 핀란드 바리칼리오(Värikallio)가 좋은 예이다. 북스웨덴 남포르센(Nämforsen)은 옐크, 보트, 인간, 발자국, 물고기와 조류의 2,000가지 모티프를 가

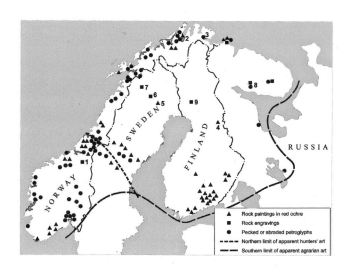

지며, 기원전 약 4000년 보트니안 협만으로 흐르는 큰 급류의 강과 연결된다. 암석 페인팅이 내륙으로 퍼져 센트럴노란드의 반 이상이 물과 관련, 광대한 전망을 가진 산꼭대기에 20여 개의 엘크, 순록, 곰, 인간 모티프가 기원전 2000년에 만들어졌다.

암석 조각은 겨울 정착지 혹은 사냥, 낚시, 거래 활동을 위해 여러 계절에 사용되는 장소에 만들어졌다. 스웨덴 바드예란다는 내륙과 산 지역의 여름 정착으로 거친 겨울과 멀리 위치한 큰 어장들에 10km 떨어진 곳에 야생순록 사냥의 고고학 증명으로, 로크 아트의 드문 예이다.

로크 아트에 나타난 샤먼의 여행

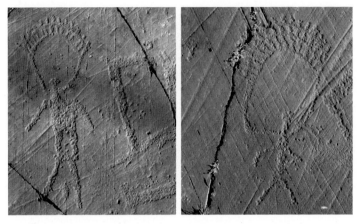

북노르웨이 알타 이트레 코프욜드(Ytre Kåfjord)의 로크 아트는 인간이 그들의 조상과 접촉, 왼쪽은 여 샤먼의 출생으로 조상과 어린이를 연결. 오른쪽은 남 샤먼, 두 모습은 약 20cm 간격, 각각 약 40cm 크기

서노르웨이 빙겐의 브라트박켄(Brattebakken)으로 붉은 순록을 타고 달리는 샤먼

200

북노르웨이 알타 엠메루프트의 아파나 농장. 순록을 통한 샤먼의 여행. 샤먼은 순록의 힘과 특성들을 취함으로써 순록과 연결된다

북핀란드 바리칼리오의 샤먼 자취

북노르웨이 발레(Valle) 2의 동물

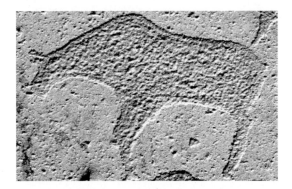

북노르웨이 알타 엠메루프트, 베르그북텐(Bergbukten) 4

중부 노르웨이 헬(Hell)의 동물

202

바드예란다

      북스웨덴에 위치한 바드예란다(Badjelannda) 로크 아트는 1990년 욕목에 거주한 사미순록방목사회의 회원들에게 발견되었다. 보트, 동물, 인간의 희미한 이미지들이 처음 인식되었으나, 그 후 더 오래된 인간 모습들이 발견되었다. 바드예란다는 루레 사미 언어 'the upper land'의 뜻으로, 1996년 설립된 라포니아 세계유산 지역의 사렉산 왼쪽이다. 높은 초원에 루레강 협곡의 산 사미의 여름 순록 방목지이다.

      로크 아트는 조그만 호수의 300m 북쪽 바카시(Bajkasi)산 남쪽 경사지에 위치한다. 산 측면의 조그만 언덕은 절벽을 형성하는 검은 노출이 있고, 남쪽을 향한 면을 따라 거의 수직이고 낮은 경계표는 700~800m 고도에 큰 협곡을 따라 놓여 있다. 빙하 시기 이 언덕은 빙하 활동으로 원만한 표면을 만들며 노출된 암석들은 동석과 석면이다. 가끔 채석 흔적의 활동이 17세기까지 계속된 것 같다.

바드예란다 국립공원 전경 202구역

B 절벽에 채석한 동석을 보이는 남쪽

　채석한 암석 표면에 새긴 모습 일부는 해독할 수 없으나 보트, 순록, 동물은 가능하다. 모든 이미지는 희미하고 부분적 이끼로 모호하며, 눈이 녹거나 비로 젖어 칼자국은 거의 볼 수 없다. 암석 높이는 꼭대기까지 22~27m로 남쪽에 협곡을 가로질러 광활한 전망을 제공, 암석 표면은 서쪽에서 동쪽으로 92m, 네 구역으로 나누며, 여기서는 구역D만 다룬다.

　[구역 D] 절벽의 최고 동쪽으로 가장 많은 25개의 뚜렷한 이미지 보트, 동물, 인간이다. 암석 표면은 검고 풍화되었으며, 보통 젖어 있다. 물이 암석 틈으로 스며 나오며, 물방울로 표면은 여러 이끼로 덮여 있다.

예술의 세 단계

　세 단계의 바드예란다 이미지들은 선사시대 마지막에서 4,000년에 걸치며, 이 단계들을 이곳 시대와 조화함은 쉽지 않다. 페노스칸디나가 지역적 변형에 자체 제도를 가져, 북스웨덴은 남스웨덴과 다르다. 여기서 단계 2를 분석한다.

• 단계 2: 바이킹/초기 중세기(A.D. 800~1300)

단계 2의 다양한 이미지는 부분적으로 단계 1의 희미한 의인화 이미지들 위에 중첩되었다. 구역 D 암석 패널에 한정되며, 7척 보트, 의인화, 순록과 다른 동물의 윤곽 이미지로, 쇠칼이나 못으로 1mm 홈을 새긴 뚜렷한 선이다.

[날짜] 이미지들은 여러 손에 의해 새겨졌다. 단계 2 표면은 단계 3의 새로 채석한 것보다 더 오래되고 풍화로 어두우며 약 10% 이끼 막으로 모호하다. 모습은 보트 선체, 배 뒷부분, 긴 막대, 돛대와 돛, 장비이고, 두 보트에는 배 측면과 나뭇조각의 키도 보인다. 한 보트는 4개의 노를 가진 작은 배와 선으로 연결되었다. 철로 만든 닻으로 해안 무역 보트(Knarr)는 서기 800년 전에는 북노르웨이 해안에 나타나지 않았고, 1350년 후 배 뒤의 키를 가진 보트로 대체되었다. 이 보트는 티스프욜드의 그룬프욜드 마을시장을 방문한 산지역 사미에 익숙하다.

[보트의 의인화 모습] 보트들 가까이 같은 스타일의 인간이 있고, 순록 외에 불확실한 동물들이 있다. 의인화 모습은 남자와 여자이며, 보트는 스토리를 목적으로, 보트 선체에 네 모습이다. 중간 두 모습은 동물, 끝의 둘은 인간 같다. 배 뒤편에서 오른손의 인간이 보트에 우현으로 긴 키를 조정하는 것 같다. 왼쪽 모습은 단순화되어 인간 머리처럼 보인다. 동물처럼 그/그녀는 배 뒤편으로 향하고 있다.

Phase I

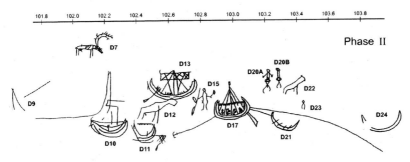

Phase II

단계 1과 2로 분류된 구역 D 이미지 부분

[사냥꾼/샤먼(?)] 두 보트 사이는 실제 연결이 없으나, 조화되는 스타일이 있다. 복잡하고 특수한 의인화로 얼굴은 다소 정확한 배율이다. 그/그녀는 왼손에 짧고 넓적한 노나 테두리 망을, 오른손에 활이나 드럼을 쥔다. 활과 드럼은 사미 샤먼을 확인하는 휘장이 될 수 있다.

[의인화 쌍] 보트 사이에 위치한 남녀는 동물, 아마도 순록과 연결되며 단순한 스타일이다. 남자는 다섯 손가락으로 팔을 내밀고, 몸에는 벨트를 두르고 있다. 여자는 팔이 없고 머리는 타원형의 눈을 가진다. 남자는 이전의 의인화 위에 새겨져, 암석 표면이 젖을 때 이전 모습을 거의 볼 수 없고, 이 중첩이 의도인지 우연인지 확실치 않다.

[동물] 보트에 동물 점유는 의미가 모호하다. 왼손은 두 조그만 귀와 뿔로 암소, 양 혹은 암순록이다. 이들은 억류된 것 같다. 다른 동물은 개 혹은 울버린이다. 인간처럼 앉아, 동물과 인간 속성을 동시에 가진 창조물 같다.

[순록] 순록은 7척 보트와 보트 안의 네 모습과 같은 시대로 보인다. 인간과 연관되어 마구와 짐 안장으로 수레를 끌거나 짐 나르는 거세된 숫순록이다. 바이킹 시대 사미가 길들인 순록을 소유함은 오테레 보고서(c. 890)에 기록되었다.

알타의 로크 아트

  북노르웨이 핀마르크에 위치한 알타 프욜드
의 로크 아트는 기원전 4200~500년 인간 정착 활동과 환경을 증
명하며, 뛰어난 보편적 가치(Outstanding Universal Value)로 1985년 유네스
코 세계유산에 가입되었다.

> 범주 3: 수천의 페인팅과 새긴 조각의 알타 로크 아트는 선사시대
> 북극에서 인간, 환경, 사냥-채집 사회 활동들을 보이는 예외적 증
> 명이다. 다양한 모티프와 높은 예술 장면은 약 기원전 5000년에
> 서 0년까지 그들의 상징과 제식들의 진화처럼 사냥꾼-채집자 사
> 회의 긴 전통과 풍경에 상호작용을 반영한다.

  내륙과 해안의 모임 장소였던 알타의 45개 유적지는 빙하 후의
수천 년간 대륙 융기와 관련된다. 선사시대의 풍경 변화는 이곳 연
대기를 제공하며 사냥-채집자의 우주론을 설명한다. 예외로 많은
숫자의 인간, 사회생활, 춤, 행렬, 제식의 설득하는 묘사는 인간과
자연의 소통을 증명하며, 풍부한 예술성과 훌륭한 보관은 물질문화
연구를 가능케 한다.

  북쪽 사냥-채집 사회는 남쪽 농업-무역 사회와 다른가? 실제 기
원전 약 1700년 두 사회는 분리되었으나, 최고 북쪽 사냥-채집 문
화는 서기 1세기까지 계속하여 이들을 나눔이 무의미하다. 차이점
은 노르웨이와 스웨덴은 암석 새김과 페인팅, 핀란드는 페인팅이

다. 로크 아트의 형태 변화는 신앙, 제식, 신화와 스토리에 혼합, 소멸, 계속을 제시하며 선사시대 정착과 이동을 뜻한다. 기원전 4500년 역동적인 변화가 이곳에 일어나, 내륙은 인간의 규칙적 접촉으로 계절 자원과 사냥이 개발되었고, 해안지역에는 새로운 지식이 빈번히 교환되었다.

로크 아트의 형태와 내용이 개인, 그룹, 사회 간에 공유한 신앙을 증명함은 북유라시아 보트들에 나타난 엘크 머리의 유사점이다. 더하여 동물들은 토템 동물로 해석, 인접 지역의 씨족사회들 간에 조상으로 간주되며, 주요 자원의 훌륭한 사냥을 위해 제식에도 묘사되었다. 로크 아트는 당시 생활의 시각 표현이며, 인간이 그들 환경을 인식하고 제식 문화를 이행하는 특수한 표본이다.

해안선 암석에 있는 알타의 로크 아트

알타의 로크 아트가 주로 해안선에 위치한 이유는 (1) 평평하고 식물이 자라지 않는 암석표면, (2) 인근 정착지, (3) 인간과 다른 세계의 소통에 의함이다. 특히 물과의 연관성은 계절을 통해 동굴 안팎, 암석 위아래, 물속으로 돌아다니는 곰의 특성 때문이다. 또 사냥 문화에 알려진 3개의 세계 접촉은 밀물과 썰물, 폭풍과 잔잔한 날씨에 암석 표면을 씻어내는 해안선이며, 이 다른 세계의 열림은 암석 표면의 컬러, 형태구조, 석염 층, 특수한 돌과 초목, 신화적 장소와 풍경에서 일어난다.

예로 코프욜드(Kåfjord)는 컬러풀한 레드브라운에 그린 줄무늬 석판을 가지며, 옘메루프트(Hjemmeluft)는 블루 톤의 그레이에 어두운 선의 단단한 사암으로 독특하다. 열림은 급류와 폭포에도 일어나는데, 차가운 북쪽을 향해 흐르는 강들은 얼음 나라로 죽은 자를 운송한다. 어떤 호수는 지하 세계의 열림을 가져 신성한 장소가 된다.

부서진 암석 틈이 위, 아래 세계의 열림이지만, 인간은 로크 아트의 일부 모티프가 암석 안에 이미 존재한 것으로 인식하며, 이것을 단지 눈에 보이게 했을 것이다. 인간이 새긴 첫 모습으로 이곳은 제식장이 되었고, 생의 질서, 병 치료, 사고 방지, 좋은 사냥과 날씨를 위해 다른 세계와 접촉할 필요성이 있을 때 사용되었다.

헤스에달(1994)은 노르웨이 로크 아트를 세 단계로 문화 전통 차이를 주장한다.

(1) 지상 로크 아트는 구석기시대(9900~8500 B.C.) 사냥 동물인 곰, 사냥, 순록이며, 암석 조각은 신석기시대(5600~4500 B.C.)에 나타나 같은 동물이 보였다. 바다 동물과 물고기의 숫자가 증가, 처음으로 인간과 인간이 만든 연장, 보트가 나타났다.

(2) 동굴의 암석 페인팅은 청동기/초기 철기시대(1800 B.C.~A.D. 1)로 이미지는 단순하며 대부분 인간을 묘사, 약간의 동물과 추상 모

티프가 있다. 물과 관련 없어 물고기나 바다 동물이 보이지 않는다. 암석 페인팅은 암석 조각과 스타일에 유사한 탓으로 같은 시대일 것이다.

(3) 신석기시대의 로크 아트의 엘크, 순록, 보트 모티프는 17세기 사미 드럼에 재현된다. 북노르웨이에 로크 아트 생산은 철기시대 (500 B.C.)에 종말이 왔으며, 산 지역 사미는 이 모티프를 드럼과 예술 공예에 전달하였다.

보트의 발달과 변화

헬스코그(1988b)는 알타의 로크 아트를 여러 단계로 나누며, 이 단계들에 자주 재현되는 보트는 (1) 사냥, 어업, 인간과 물품의 교통 수단, (2) 다른 세계 여행을 위한 제식과 죽은 자의 특수 운송에 사용되었다.

• 단계 1(5000~4000 B.C.)

보트 앞부분은 엘크 머리로 장식, 이 동물은 약 2,000년간 보트의 중요 상징이 되었다. 선각은 단순한 선으로 그렸고, 기둥은 위쪽

암엘크의 등 위에 엘크 머리를 가진 보트

으로 커브 진다. 바깥 위쪽으로 연장한 3개 선은 인간을 묘사한다. 이 소형 보트는 해안 가까운 곳의 교통수단이다.

• 단계 2(4800~4000 B.C.)

석기시대 보트의 흔적이 발견되지 않지만, 로크 아트는 북스칸디나비아와 유라시아 보트의 지식을 제공한다. 잔잔한 물에 사용된 열리고 조그만 3~5m 보트에 2~8명부터, 강풍과 폭풍으로 긴 여행과 인간과 물품 운송을 위한 큰 보트에 더 많은 인간이 필요한 7~8m 보트이다. 보트는 주로 늑골(rib) 프레임 구조에 바다표범, 엘크, 순록 가죽으로 덮였다.

소나무 보트는 가죽 보트보다 더 무거워 물속 깊이 놓이고, 프욜드와 내륙의 잔잔한 물 항해에 적합하다. 자작나무 카누도 있으나 로크 아트에서 구별하기 힘들다. 이 기간에 선각들은 완전히 새겨졌고, 대부분 엘크 머리를 장식했다. 토템 동물의 엘크가 씨족의 동물로서 후손들을 보호하는 뜻이라면, 특수한 씨족만이 로크 아트를 보트에 묘사할 수 있다.

다른 이유는 북패노스칸디아에 인간과 폭넓은 관계이다. 물, 삼림, 습지 평원에 자라는 엘크는 잘 돌아다니며 수영도 하여, 인간은 다른 요소에 움직이는 엘크 능력이 인간 환경의 여러 세계에도 이전할 수 있음을 가정했다. 엘크 머리의 보트는 물과 육지 연결을 상징하는, 즉 여러 차원을 여행하는 '힘'이며, 보트의 사냥과 어업은 생과 죽음 간에 힘의 전환이다. 엘크와 곰은 인간이 존경해야 할 힘을 상징, 그들을 죽였을 때 새끼가 태어나 이들을 보충한다.

한 패널에 나타난 보트 컬렉션은 전부 엘크 머리를 가진다. 왼쪽 보트에 동물은 조그만 뿔의 순록 혹은 엘크, 그 아래 작은 보트에는 곰이 있다. 작은 함대처럼 보트 컬렉션은 이 기간의 특징이다. 실제와 신화 세계에서 보트의 특수 기능은 죽은 자를 마지막 목적지로 운송, 따라서 보트 앞부분에 높인 부분은 죽음 세계 여행을 뜻한다. 선사시대 북카렐리야는 보트를 무덤으로 사용했다. 로크 아트에 묘사된 여러 보트는 수천 년 사냥과 어업 운송 수단의 변화로서, 보트와 엘크의 상징주의는 약 기원전 2700년까지, 상징 보트는 예수 탄생 1000년 이전을 통해 계속되었다.

사냥 전리품 새(?)를 나르는 두 인간 뒤에 하나는 왼손으로 긴 막대를 쥔다. 아래에 왼손의 둥근 물체와 오른손의 막대 조각은 드럼과 북채(?)

이야기와 제식 보트 희생. 한 인간이 긴 막대를 보트 안으로 던지며, 앞뒤 2명이 있다. 전경에 둥근 물체를 쥐며 춤추는 이가 2명 있다.

보트 앞부분의 엘크 머리, 갈고리에 걸린 넙   바다표범을 잡으러 보트에 서 있는 인간
치와 바다 활동

• 단계 3(4000~2700 B.C.)

보트 앞부분에 종종 순록이 보이나, 전반적으로 엘크로 뿔과 처
진 목살이 없다. 암 엘크의 사용은 새끼를 낳아 엘크 인구를 조정하
는 이유이다. 보트와 연관된 상징주의는 계속하나, 몇 보트는 새의
머리로 새롭다. 이들은 물, 해안의 새로 특수 보트의 식별부호가 되
어서, 신앙, 제식, 신화, 스토리의 특수 행사에 사용되었다. 또 어떤
새는 힘을 상징하며 엘크의 오랜 역할과 상통한다. 새가 배의 장식
일 수도 있다.

이 기간에 선각 대부분은 윤곽선이 새겨졌고, 보트는 더 크며 단
독이나 그룹, 인간이 있거나 부재하다. 가장 긴 2.2m 보트는 두 인
간을 태우며, 뒷부분의 한 보트는 동물 머리를 가진다. 표현 형태는
매우 다르다. 두 조그만 패널은 보트로 점령되어 제식이나 스토리
에 중요한 것 같다.

큰 패널은 3척의 보트와 인간으로 헤엄치는 동물, 고래와 바다표

범과 연결된다. 오른쪽 1.75m 보트에 탄 두 그룹의 모양, 위치, 내용에 차이가 있는데, 앞은 양손으로 물체들을 끌어올리고, 뒤는 그들 몸 자세에 집중한다. 위쪽 3명의 인간을 태운 배와 순록에서, 중간 인간은 머리 위에 T 모양의 물체를 쥐며, 성기가 없어 여자로 보인다. 헤엄치는 3마리 순록은 인간이 그들을 죽이거나 열린 물로 안내하는 과정이다.

전체적으로 보트의 인간과 그들 행동은 예전에 비해 변하였다. T 모양과 커브 진 도구들로 동물을 잡았고 활과 화살도 사용했다. 아파나(Apana) 농장 가까운 암석에 묘사된 이 기간에 가장 어린 보트는 엘크 머리를 가지지 않아, 보트와 엘크의 전통이 부서지며 중지됨을 제시한다.

가장 큰 보트 앞부분은 엘크 머리로 장식, 여러 인간을 태운다; 새 머리의 출현은 알타 로크 아트의 특성이 되었지만, 이 중요성과 무관하다

바다표범을 죽이는 인간에 순록은 방관, 인간의 상상에서 묘사된 것 같다

- 단계 4(2700~1700 B.C.)

암트만스네스의 큰 패널 부분으로 인간 모습이 지배적으로 눈, 코와 입을 가지며, 몸 크기가 다르다. 창과 화살 같은 몸체도 있고, 동물은 순록이 지배적이다.

- 단계 5(1700~500 B.C.)

상징적 보트가 로크 아트에 다시 재현되었으나 예전과 모습이 다르다. 단계 1, 2, 3의 보트를 장식한 특징적 엘크 머리는 완전히 사라졌다. 4척의 보트는 남스칸디나비아의 보트와 비슷하며, 말로 장식되었다. 이 타입은 청동기시대, 노르웨이 북트런더락과 스웨덴 서쪽 해안에 이미 알려졌고, 여러 지역 보트의 유사성은 실제 해안 지역 보트와 접촉을 증명한다. 다섯 패널 중 하나는 4~5척 보트에 6명의 인간이 있다. 어떤 경우, 보트는 거꾸로 묘사되어 휘몰아치는 물에 뒤집혔거나 다른 세계에 있는 것 같다. 또 샤먼이 한 상태에서 다른 상태로 전환하는 모습도 있다. 알타 보트의 다른 흔적은 용골(keel)과 보트 위편의 연장이다. 이 시기 가장 어린 보트는 7개 노를 가지며, 인간은 보트에 비해 큰 몸체로 불균형을 이룬다.

앞부분에 동물 머리(말?)를 가지며 보트에 비해 큰 인간

• 단계 6(500 B.C.~A.D. 100)

패널의 최고 위쪽에 있는 보트는 전 시기와 달리, 동물 머리와 좁은 선의 선간으로 윤곽이 드러난다. 가장 복잡한 보트에 앞, 뒷부분이 올려졌다. 예전보다 더 큰 보트로 12명 인간이 움직인다. 중간의

2명은 드럼을 치고 나머지는 한 발로 서서 기댄다. 이 특수 모습은 실제 제식인지 혹은 신화적 행사인지 알 수 없다. 제식이라면, 춤추기에 견고한 갑판이 필요한데, 고고학 증거가 없다.

다른 보트 한 쌍은 크고 견고한 통나무로 지어 '배(ship)'라 부를 수 있다. 한 보트에 33명이 있다. 앞쪽 2명은 머리, 팔, 다리를 가지고 대면하며, 중요한 인간 같다. 앞부분 꼭대기는 열린 나선을 가지며, 윤곽선은 키를 조종하는 노와 닮았다. 아래 조그만 배는 7명, 제일 아래는 29명으로 앞, 뒷부분 꼭대기에 나선이 있다. 보트 모양과 크기에 큰 변형이 있다. 높인 앞부분, 많은 인간과 U 모양, 인간 부재의 보트이다. 앞부분과 노를 가진 보트는 실제 보트의 변형을 제시, 이 타입은 후기 청동기에서 초기 철기시대 트런더락과 서노르웨이, 남스웨덴의 보후스란에서 나타났다. 로크 아트의 보트가 실제 보트의 정확하고 상세한 복사인지 확실치 않으나 일반 성격이 이것을 증명한다. 프욜드나 해안용의 소형 보트와 긴 여행의 대형 보트이다.

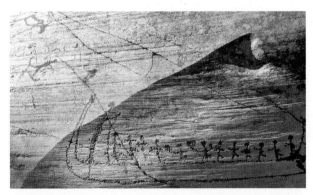

사냥꾼, 엘크에 접근하는 보트에는 먼 남쪽에서 온 인간이 그려져 있다. 춤, 드럼은 스토리나 제식을 암시, 여러 지역의 융합(?). 엘크와 사냥꾼은 지역 정보를 의미, 다른 문화의 만남

• 마지막 단계

최고 북쪽 로크 아트는 바랑게 알돈, 남트런더락 멜후스, 북스웨덴 내륙의 바드예란다로 서기 800/900~1500/1700년이다. 흥미롭게 이 전통은 사미 신앙, 문화 전통과 연결되어 18세기 기독교화까지 드럼에 응용되고 샤먼 제식과 사미 사회에 사용되었다. 기독교 이전과 이후의 로크 아트와 드럼 아트는 인간과 자연의 소통으로 재현되었다. 드럼이 얼마나 오래 사용되었는지 불확실하나, 중세기 이전으로 돌아가며 알타에 묘사되었다.

로크 아트가 여러 지역 그룹에서 사라짐은 문화에 본질적인 영향과 변화를 제시하지만, 곰 신앙, 제식 요소들은 사미 문화에 계속하였고, 엘크의 상징주의는 다소였다. 변화, 새 아이디어와 신앙은 존재하는 것을 전부 대처하지 않았다. 어떤 특성은 옛것을 고수, 어떤 것은 새것과 혼합, 어떤 것은 사라졌다. 수천 년을 통해 북유럽에 신앙의 혼합과 상징 변화는 새 지식, 아이디어, 그리고 개념을 받아들여 적응하려는 인간 능력을 나타낸다. 이것은 항상 존재했다.

스칸디나비아
원주민 사미의
사회·문화·종교

SEVEN

부록

간추린 역사

스웨덴 사미

- 기원전 10000~5000년: 북스칸디나비아 내륙의 빙하 퇴각.
- 기원전 9000년: 사미 지역에 석기시대의 흔적이 보이며, 야생순록 사냥과 연어 낚시가 기본 생계. 휴대용 텐트에 거주, 아르예플로그 텐트는 스웨덴에서 가장 오래되었다.
- 기원전 1800~900년: 기후 변화와 야생순록 방목이 여름에는 해안 잔디 목초지에, 겨울에는 이끼가 긴 내륙에서 시작했다. 야생순록은 사냥으로 포착되었다.
- 서기 98년: 로마 역사가 타시투스는 'Fenni'로 고대 스칸디나비아인(Norse)에 관해 썼다. 그들은 땅을 경작하지 않고, 자연이 제공한 대로 떨어져 살면서, 가죽으로 만든 옷을 입었고 바닥에서 잤다.
- 555년: 비잔틴 역사가 프로코피오스는 스칸디나비아인들 중 하나는 가죽옷을 입은 사냥꾼 'Skrid Finns'라 묘사했다.
- 750년: 파울루스 디아코누스도 'Skrid Finns'을 언급하며 스키를 설명했다. 'Skrid Finns'로 부른 이유는 그들은 활처럼 굽은 나뭇조각으로 동물을 눈 속에서 잡았다. 그들의 나라에는 순록 같은 동물이 있었고, 그들의 옷은 가죽이었다.
- 890년: 노르웨이 트럼쇠로 알려진 이곳 족장 오테르는 영국의 알프레드 왕에게 북쪽의 무역 여정을 보고했다. 그는 800마리의 길들인 순록을 소유했으나, 주요 소득은 사미에서 거둔 세금인 고래와 물개 가죽이었다.

- 1328년: 핀란드 탐페레로 간주하는 비르칼스에 스웨덴 왕은 그들이 사미와 무역하고 세금 징수의 권리를 주었다. 이 계약으로 아무도 사미의 사냥을 방지할 수 없었다. 비르칼스는 사미 행정 지역으로 3개의 라프마르크로 분할되었다.
- 1543년: 구스타브 바사 스웨덴 왕은 사미는 라플란드 경계의 그들 지역에만 특정 권한을 즐길 수 있다고 편지를 썼다.
- 1553년: 바사 왕은 앞으로 사미는 라플란드 집달관을 통해 직접 왕국에 세금 지급을 결정했다.
- 17세기: 사미의 주 생필품으로 길들인 순록 방목이 사냥과 낚시로 대신하게 되었다.
- 1606년: 바사 왕의 막내아들 칼 9세는 주요 행정구역의 교구로 마을을 대체했고, 사미를 스웨덴 세금제도에 더 밀접히 통합시켰다. 왕은 핀마르크와 노르웨이 해안이 스웨덴 영토라 주장했다.
- 1635년: 크리스티나 여왕은 나사프엘에서 은 채굴을 시작했다. 사미는 그들의 순록으로 이 광석의 운송을 강요당했다. 또 17세기 말까지 사프미의 다른 지역의 채광 작업에 운송을 제공해야 했다.

스웨덴 라플란드의 겨울 민족의상

- 1673년: 1650년도부터 왕국은 북쪽의 자재를 이용하고자 라플란 드의 정착을 격려했다. 정착한 농부들은 땅을 받았고 세금 면제 도 15년이었다. 사미의 땅 권리는 존중되지 않았다. 1673년 라프 마르크 선언(The Lappmark Proclamation)은 사미와 상의하지 않고 농부 의 정착을 허락, 납세자인 사미의 권리는 오직 순록 방목, 사냥과 낚시로 그들의 영토였다.
- 1685년: 왕국은 사미의 우상숭배를 금지했다. 샤먼의 드럼들을 불태웠고, 불복종에 처벌했다. 숭배 이미지와 제물 의식 장소는 파괴되고 모독당했다.
- 1751년: 스웨덴-노르웨이 국경이 다시 그어졌다. 스웨덴은 핀마 르크의 주장을 포기했다. 이 국경 조약(the Lapp Codicil)은 종종 사미 의 '대헌장'이라 불린다. 사미는 봄, 가을에 그들의 순록과 함께 국경을 가로지를 수 있으며, 이것은 매년 육지와 해안에 거주하 기 전이다.
- 1751년: 라플란드 국경이 고정되었다. 해안 농민은 이 경계를 넘 어 낚시와 사냥이 허용되지 않아, 사미와 정착자들은 이 지역 내 에서 사냥과 낚시를 공유했다.
- 1868년과 1873년: 농업 선이 베스테르보텐과 노르보텐에서 고 정, 일 년 내내 사미와 순록 사육을 보호하기 위한 것이다.
- 1886년: 첫 순록 방목 법이 통과되었다. 오직 순록 방목자만이 사 냥, 낚시, 순록 사육권한을 가진다.
- 20세기: 사미의 사냥과 낚시 권리 제한은 국립공원의 설립에서 주로 발생했는데, 산 지역에서 큰 동물 사냥과 낚시는 순록 방목 자에게 큰 타격이었다.
- 1920~1939년: 사미의 많은 그룹이 스웨덴 북쪽에서 강제적으로 남쪽으로 이전되었다.

- 1922년: 인종 혼합은 스웨덴 사회의 위협으로 간주하였으나, 사미는 여러 민족과 함께 거주하므로, 국가는 사미를 실험했다. 국립 인종생물학연구소의 한 연구 방법은 사미의 두개골 측정이다. 10년 후 1,331명 사미의 사진들이 보고되었다.
- 1977년: 스웨덴 의회는 스웨덴에서 사미를 원주민으로 인정했다.
- 1986년: 사미 국기가 채택되었다.
- 1993년: 사미 국회(Samitinget)가 스웨덴에 설립, 노르웨이와 핀란드 사미 국회는 1989년과 1973년이다.
- 2000년: 사미 국회의원회 설립은 노르웨이와 핀란드의 사미 의원들로 구성, 북구 협동을 위함이며 러시아 사미는 참관인으로 선정되었다. 스웨덴 사미 국회는 2002년 가입했다.

사미 박물관

노디스카박물관

　스웨덴의 노디스카박물관(Nordiska Museum)은 1873년 '스칸디나비아 민족지적 컬렉션(The Scandinavian-Ethnographic Collection)'으로 설립, 1880년 현재 이름으로 바꾸었고, 1907년 스톡홀름 중부의 율고든으로 자리를 옮겼다. 설립자 아더 하제리우스는 박물관 역사에 중요 인물로 문화유산을 여러 문맥과 방식으로 해석하였다. 또한 1891년 야외 박물관 스칸센을 스웨덴의 국가 정체성을 표현, 형성하는 목적으로 설립했다.

개인이 발족한 노디스카박물관은 초기 단계에 이미 재단으로 변형하면서 다른 공공 기관과 함께 1800년도 말, 자연과 문화 역사를 이루는 스웨덴 국가 건설을 도왔다. 즉, 박물관에서 유물 수집과 전시회로 구체화했고, 스칸센에서 여러 자연환경의 위치와 정돈으로 건물들을 이양받는 것이었다. 새 국가 의식에서 공간과 장소는 국가 영토를 형성하는 다른 풍경으로서 역할을 한다.

처음에 특별 관심을 끈 민족적 범주는 사미였다. 여전히 연구되고 있지만, 사미를 문화 역사적 현상으로, 하제리우스의 관심은 1800년대 말 유럽의 관심과 유사했음이 분명하다. 북쪽 이국적인 민족은 많은 참여자를 매혹, 사미 가족과 순록은 세계 박람회 및 동물원 공원에도 전시되었다. 1878년 파리 세계 박람회에 하제리우스는 사미 모티프 등 다양한 민족적 그림을 보여주었으며, 1874년 「루레 라프마르크의 가을 이주」라는 제목으로 박물관에 전시하였다.

스칸센을 설립했을 때는 텐트, 잔디 오두막집, 사미 가족의 생생한 설치로서, 마치 사미는 순록을 살피고 집에 있는 모습이었다. 하제리우스의 수집 관심은 광신적으로, 라플란드 수집여행 '채집'에서 간곡한 그의 권고는 이 해석을 지원한다. 오늘날 박물관의 사미 컬렉션은 약 6,300개의 항목으로 등록, 절반이 1910년 전, 박물관에 받은 개별적 개체의 몫도 크게 포함된다

2004년 후 사미 영구 전시장이 개최, 2007년 늦가을 사프미(Sápmi) 전시회가 이곳에 열렸다. 비록 스웨덴은 새 유럽의 소수민족 정책에 합류하였지만, 이 전시회는 소수민족, 원주민을 위한다. 다섯 주제를 기반으로 스웨덴 사미 외 다른 소수민족의 정체성이다. 이 아이디어는 방문객 자신의 반영과 교육 활동을 출발점으로 한다. 사미의 경계선, 혼합형태와 인간적 만남의 흔적으로, 전시 주제는 역사와 현대를 둘 다 포함한다.

첫 주제인 '원천'은 사미 역사, 친족 관계, 정체, 민족에 관한 것이다. 둘째는 옳고 그른 토지 권리, 법적 절차, 정치 운동과 자기 결정에 초점 두고, 셋째는 박물관 컬렉션에 관한 토착민의 물질 문화유산에 지식이다. 넷째는 박물관에 소장된 자료에서 사미의 음성, 스토리, 시선으로 특히 사진이 중심이다. 마지막 다섯째는 어떻게 사미의 이동과 불안정한 정체성이 문화 회의에서 생성되고 유형과 무형형태의 혼합을 통해 표현되었는가에 대한 식민지 후의 개념이다. 노디스카박물관은 1800년도 후반을 기점으로 사미의 이미지를 창조하는 데 매우 중요하다. 스웨엔 사미가 되는 한 방법은 이곳에서 전시하는 것이다.

세계의 원주민과 원주민의 해

유엔은 1993년을 '원주민의 해'로 명명, 각 국가가 이 문제를 자체 해결하도록 재정 지원을 추천했다. 목적은 인권, 환경, 발전, 교육, 건강에 관련되어 세계 원주민들이 당면한 문제 해결책을 찾고자 국제협동을 강화함이다. '원주민의 해'는 1992년 12월 10일 유엔 총회에서 공식화되었는데, 과테말라의 리고베르타 멘추가 노벨 평화상을 받는다는 소식이 전해진 날이다. 첫 작업으로 북극 지역의 예술(Arts from Artic) 전시회가 알래스카, 그린란드, 러시아, 노르웨이, 스웨덴, 핀란드의 사미와 에스키모족의 협동으로 1993년 5월 노르웨이에서 열렸다.

전시담당자 잉군 우치 여사는 "1978년 일본 교토에서 열린 세계공예에서 아이디어를 착상, 84년 사미 예술협회는 '북구예술' 제목에 '북구 원주민을 위하여 그리고 함께' 슬로건으로 시작했습니다. 여러 장벽에도 원주민 예술 작품을 보여주는 점에 이 전시회는 의미 있습니다. 무한한 거리와 국가경계선, 문화와 예술 탄압에도, 연대의식, 평등, 협동을 뜻하죠. 또 기쁨과 괴로움 속에서 저희의 꿈, 경험, 추구와 현실을 반영합니다. 예술 표현방법이 다름은 각각 문화에 대한 충성과 그들이 가진 자연의 친근감 탓이죠. 이 전시회는 서로가 나누는 최대 선물입니다." 라고 설명했다.

유엔은 원주민에 관해 정확한 정의가 없고 '먼저 온 사람들'로 번역한다.

- 침략과 식민지가 시작되기 전, 이미 발달한 사회에서 역사를 가진 단일 인구.
- 이곳에 사는 지역인들이나 그들 일부분이 현재 통치하는 사회와 어떤 요인에서 다르다고 간주하는 사람들.
- 현 사회에서 점령당한 민족.
- 영구 민족으로 계속 존재하며 그들의 정체성과 조상들로부터 받은 영토를 다음 세대에 전해주려 정착한 장소에 사는 사람들, 그들만의 문화패턴과 사회조직, 법 제도를 행사.
- 완전히 혹은 부분적으로 그들의 영토와 자원을 착취당한 민족.

원주민 권리는 국제법과 원주민법 사이에서 정의된다. 원주민들은 그들의 자치권을 위해 투쟁하나 다국적회사, 정부 당국, 비원주민의 경제와 정치 관심에도 좌우되어, 16~17세기 스페인 원주민 법규는 식민지 권리를 위해 19세기 식민주의가 해체됨에도 그대로 남았다. 국제법은 국제기관들 사이에 행해진 약속과 법으로, 다른 국제협정 약속들과 병행한다. 원주민에 관한 국제협정들은 1957년 '107 협정(Convention)'과 1989년 '169 협정'으로 국제노동기구가 이 작업에 역할 하였다.

실제 원주민 보호는 오랫동안 국제적 문제로서 1920년 국제연맹도 자치 결정에 민족권을 기초한 법 제도를 택했으며, 유엔은 처음에는 원주민 보호를 거절했으나 1948년 인권 보호 발표로 관심 가지게 되었다. 1966년 유엔협정에서 민족차별제거, 경제와 사회문화권, 인간과 정치권으로 원주민 보호가 개선되었다. 국제법은 원주민의 자치권, 그들 발전에 정부 지지와 특수권, 다수 민족과 같은 조건으로서 사회참여권의 요구이다. 1989년 4개국(노르웨이, 멕시코, 볼리비아, 컬럼비아)이 협정을 비준하였으나, 원주민 세계를 인정, 존경하는 협정이 이루어지지 않는 한 국제사회는 큰 문제를 안고 있다. 미

대륙의 인디언, 북구 사미, 알래스카 이누이, 아프리카 피그미, 뉴질 랜드 마오리와 호주 원주민은 그들의 공통 배경으로 경험과 지식 교환이 가능하다.

말레이시아 오랑 아슬리 채웡(Chewong)

말레이시아어로 '오리지널한 사람'인 오랑 아슬리(Orang Asli)족은 말레이시아반도의 토착인이다. 약 7만 명으로 전 인구의 $\frac{1}{2}$% 를 차 지하며, 전통적 거처는 반도의 중간부를 점령하는 열대 밀림지이 다. 오랑 아슬리는 서로 다른 언어의 19개 집단으로 분리된 문화 정체성에 강한 인식을 한다. 최근까지 그들은 말레이시아의 다수 인구에 대항할 공동집단으로 여기지 않았으나, 교육받은 오랑 아 슬리는 국가의 현대화에서 '잃은 자'가 되지 않고자 정부의 결정에 영향 주는 단체를 형성했다. 그러나 이 목적은 밀림의 급속한 파괴 와 오랑 아슬리에 영토를 부여하는 정부의 주저로 쉽게 성취될 수 없다.

외부인이 오랑 아슬리를 찾으려면 안내가 필요하다. 지도는 믿을 수 없고, 설령 정확한 지도와 컴퍼스 도움에도 어렵다. 나무로 뒤덮 은 길들을 구별하기 힘들며, 밀림을 횡단하는 강은 방향감각을 혼 동케 한다. 또 나무꼭대기에 지은 닫집(canopy)은 초록 세계를 태양 과 하늘과 차단, 알지 못하는 소리에 둘러싸인다. 외부인은 사냥 혹 은 이동하는 작은 그룹과 어울려서 동물들의 흔적을 보고 먼 거리 의 그들 소리를 듣기 위해 멈춘다. 오랑 아슬리는 숲속의 징조를 읽 어 그들 설명은 동반한 어린이들의 지식에 유용하다. 즉, '해를 끼 치는 혼'이라 특수나무나 돌에 접근치 않게 경고 당한다.

오랑 아슬리의 채웡족은 약 300명으로 자체의 언어에 강한 문화 정체성을 인식한다. 채웡을 사회, 경제, 정치, 종교 영역에 경계 지음은 무의미한데, 그들 생활양식은 서로 얽혀져 밀림 생활에 활동적인 파트너이기 때문이다. 그들은 우주를 생명 있는 영혼(Ruwai)으로 이해한다. 이 영혼은 밀림과 주거 생활의 일부이며, 예식을 통해 실행한다. 어떤 종류의 동물에 접근하는가? 한 광주리에 도마뱀 종류와 죽은 원숭이를 같이 넣는 것은 금지이다. 임신부와 남편은 사냥 고기를 피하고 음식과 과일도 함께 먹지 않고 같은 화로에 요리할 수 없다. 광주리는 등나무 매듭이 위쪽으로 향하게 엮는 이유와 이것을 위반할 시의 처벌도 알고 있다. 이러한 법칙들은 채웡 우주론에서 유래한다.

세대의 존속을 위해 의식적이든 무의식적이든 법칙 위반은 죽음이나 다른 고통을 이끄는 환경에 비균형을 만든다. 따라서 채웡에게 도둑과 폭력의 담당 법 부재는 이러한 행동이 없어야 함이 당연하기 때문이다. 오랑 아슬리 사회는 평화공존에 도덕 규범으로 그들 사이에 기록된 분쟁도 없었고 맹렬한 싸움도 없다. 폭력은 채웡에 속하지 않는다.

채웡은 사냥 채집가로 화살을 사용하는 단순 문화를 지닌다. 수수한 집에 살며, 2년마다 장소를 옮겨 일시 거처를 짓는 동안 밀림에서 지낸다. 혼자 혹은 결혼한 자식과 사는 늙은 부모로 핵심가족을 이루는 경제단체이다. 집을 짓고 요리, 사냥, 어업용 재료와 도구 필수품은 밀림에서 얻을 수 있다. 대나무와 등나무가 중요한 재료이며, 사냥 무기는 독이 든 창으로 사용하는 취관(blowpipe)이다. 밀림의 생산품은 중국인과 말레이시아인의 철 연장과 소금으로 교환된다. 채웡은 별로 물질을 요구하지 않아, 그들 연장은 그들 생활에 완전하다. 그런데도 현재 산업화한 주방기구는 대나무를, 양철 접시는 잎사귀를, 목면 천은 껍질로 만든 옷을 대처하며 상점 재료가 요리에 이용된다.

사회원칙은 평등주의로 개인과 그룹, 조직체 사이에 명확하다. 남녀도 평등하여 채웡에는 지도자가 없다. 나이 든 연장자는 다양한 지식 소유자로서 그들 의견이 상담 된다. 그러나 그들에게 자문을 강화하는 다른 방법은 공동분배 법칙이다. 밀림에서 추수된 것은 모든 사람에게 공공적으로 전시되고 똑같이 나누어진다. 태어난 어린이는 처음부터 분배를 배운다. 채웡은 더 이상을 요구하지 않으며 나머지 음식이나 물품을 지니는 것은 죄악으로 알고 있다. 이 상호 의존은 채웡뿐 아니라 다른 창조물도 포함한다. 채웡 우주론에 의하면 동물, 식물, 돌, 강은 영혼을 가져, 확장된 사회우주론을 이룬다.

더하여 모든 사람은 영혼을 가져 채웡은 다른 종족과 꿈이나 황홀을 통해 접촉한다. 모든 성인 채웡은 다른 귀신과 한 번은 만났는데 노래를 통해 결합한다. 귀신은 개인의 영혼 안내자로 무당의 강신술 특별예식에서 이루어진다. 이 의식은 파괴가 일어났거나 일어날 것을 예상할 때 이루어진다. 또 병자의 치료법이다. 채웡은 병이 어떤 잘못으로 귀신에게 공격당한 것으로 생각, 치료자 무당은 이를 발견하고 그것을 다시 신체에 돌려준다.

노래와 북을 통한 대규모 의식은 전 지역사회의 책임이다. 의식은 일 년의 처방 준비를 요구하여 어둠이 진 후 시작, 다음 날 여명까지 계속된다. 종종 여러 신성한 밤이 목적 달성에 필요하다. 집은 달콤한 향기의 꽃과 잎사귀들로 장식하여 '우호적 귀신'들을 부른다. 특별한 잎사귀의 긴 끈이 집 외부 천장에 걸림은 영혼의 끈으로 무당 혼이 환자의 잃어버린 영혼을 찾으려 방황하며 노래하는 동안 그의 몸에 남길 길이다. 그것은 안전한 귀로의 길이며 '우호적 귀신'의 길이다. 무당이 두르는 머리끈과 어깨에 걸치는 장식들은 무당을 귀신처럼 보이게 하고 인간 영혼을 귀신처럼 공간에 움직이게 허락한다. 무당의 머리 밴드와 영혼의 끈에 부착된 조그만 나무 고리는 귀신을 방문하는 도구이며, 무당은 귀신 나라에서 모은 건강 회복의 이슬을 환자 위에 뿌리는 나무떨기를 가진다. 접시 향료는 계속 커져 귀신들이 움직이며 치료하는 동안 신비성을 만든다. 하룻밤에 3, 4명이 돌아가며 노래한다.

나머지 지역사회인도 여기에 참여하여 노래 한 줄을 합창한다. 가수와 대나무북도 동반, 손쉽게 쥘 수 있는 여러 길이의 특수대나무이다. 북을 계속 치며 향료 연기를 밤새 피우며 나머지 불빛들은 소멸해야 한다. 그렇지 않으면 무당의 영혼은 잃어버리고 환자도 완쾌되지 않는다. 또 '우호적 귀신'의 안내자도 떠날 수 있다. 가수들의 황홀 속에 그들 영혼은 채웡 우주 속에 돌아다닌다.

채웡이 사는 지구 7(Earth Seven)에서 불사 존재가 사는 지구 6(Earth Six)까지, 지구 7에서 다른 세계로, 또 인간이 죽으면 찾는 지구 8(Earth Eight)까지이다. 무당들은 노래로 이 여행을 묘사한다. 그들은 도중에 만나는 것과 위험한 장소를 설명한다. 무당들의 영혼 여행은 우주 지식의 중요한 원천이다. 또 다른 원천으로 채웡 전설은 과거의 중요한 일과 생을 즐기는 법, 인간과 귀신, 밀림의 기원에 관한 것이다. 이 전설은 오락으로써 밤에 구술되며 채웡 생활을 다스리는 여러 규정과 금지도 동시에 강화한다.

현재의 상태에서 채웡이 그들 조상처럼 전형적 방법으로 얼마 동안 살아갈지 문제이다. 지난 5년간 굉장한 사건들로 채웡은 외부 세계의 요구에 대면했다. 목재회사는 목재 수송을 위해 도로를 세웠으며 도시직원은 채웡의 거주지에 신중한 시도를 하고 있다. 모든 유목민 오랑 아슬리를 정착시키고 그들을 현금경제에 융화시키며, 이슬람교로 교화시키는 정책이다. 채웡은 정부 발전 프로젝트에 마지막으로 도움받을 그룹이다. 새 마을이 건설되지 않는 한편, 밀림 바깥을 아는 사람들에게 판매 목적으로 과일나무의 경작을 격려받고 있다. 손이 닿지 않는 밀림에서 조그만 학교가 말레이시아 선생에 의해 세워졌다. 수업은 말레이시아어로 이루어지는데 채웡은 말을 못한다. 선생은 부모들의 무책임에 좌절한다. 또 어린이들이 며칠간, 몇 주일 학교에 나타났다가 수주일, 수개월 정글로 사라진다. 그리고 갑자기 나타난다.

채웡은 그들에게 부여된 변화에 걱정하고 있다. 가난한 소규모 농부나 지급이 나쁜 농장노동자가 되기 원하지 않지만, 이것이 그들에게 직면한 두 선택이다. 그들은 밀림 속의 생을 가치 있게 여긴다. 계절 변화에 따라 원할 때마다 움직이는 자유만이 그들을 기쁘게 한다. "항상 한곳에 살고 같은 땅에 반복해서 일함은 우리의 방식이 아니다."고 주장하며 이것을 지속하고자 최선으로 자문을 찾고 있다. 평화스러운 동등주의와 상호 의존으로 살려는 기본욕망을 당국에 표현함은 불가능하다. 이 소심함이 그들 자신의 파괴 요인이다.

피그미(Pygmy)

인류학적 피그미족 남자 평균신장은 130~150cm로 '난쟁이 민족'이라 부른다. 중·서아프리카, 인도, 오세아니아, 동남아시아에서 발견되나, 현재는 아프리카 인종그룹을 의미, 10~20만 명으로 큰 집단이 밀림지대에 있다. 특히 므비티(Mbuti) 피그미는 카멜레온처럼 컬러를 바꾸고 배우처럼 연기한다. 어떤 심리학자도 그 이유를 파악하기 힘든 두 정체로, 그들은 밀림 속에서 신중하고 가볍지만, 이웃 마을의 흑인 통치자 바누투족 아래서 광대 역할을 한다. 대부분 피그미는 콩고, 카메룬과 중아프리카 유목민들로, 므비티는 콩고강의 모든 지류를 나누는 이투리 밀림에 있다. 외부인들과 거의 접촉하지 않고 바누투에게 사냥을 해주면서, 쌀, 카사바, 삶은 바나나, 담배와 다른 농산물을 보상받는다. 그들의 집은 부모와 유일의 존경 신이 있는 밀림 속이다. 영국 인종학자 콜린 턴불은 1960년도 이투리 밀림의 므비티를 방문, 『The Forest People』에 그의 경험을 적었는데, 이 책은 인종학의 고전이며 므비티 생활의 시적인 찬양이다.

1980년도 말 대부분 피그미는 카메룬과 동아프리카로 옮겨 이웃 마을이나 밀림을 제거하는 다국적 회사와 연결되었지만, 벌목, 대농장설치, 도로건설, 전염병과 같이 세계원주민에게 닥친 공통적 불행에 위협당하고 있다. 이탈리아 인류학자 카발리 스포르자는 1960~1970년 다른 피그미 그룹을 방문, 이 위협에 따른 변경이 시작됨을 보았다. 한편, 1983년 턴불이 이투리 므비티를 재방문했을 때 큰 변화는 없었고, 여전히 높은 나무 잎사귀들 속에서 반짝거리는 태양과 집 모닥불 연기를 따라 나선형을 그리는 천국에 살고 있었다.

저녁이 되면 피그미 마을은 거의 비어 있으며 어떤 곳은 조그만 나무집의 그림자 속에 졸고 있다. 다른 피그미는 사냥한다. 주위 전체에 새, 원숭이, 벌 소리가 들리며 속삭이는 개천은 그들만의 소리를 가진다. 마을사람들은 저녁 산책을 즐기는 것 같다. 피그미는 평화스러운 초록 세계의 동물처럼 항상 한쪽 눈을 반쯤 뜨고 있다. 갑자기 어른들의 고함이 들리며 사라져가는 모닥불의 따뜻한 재나 개미 무덤들에 접근한 어린이들의 외침이 들린다. 그들의 엉덩이를 때리며 가까운 집 안으로 안고 가는 흥분한 성인들에 둘러싸인다. 성인들은 어린이들의 부모, 조부모로 이들을 때리거나 위로하거나 응석을 받아준다. 모든 어린이는 생물학적 부모를 알며 그들과 특별관계를 맺지만, 마을에서 어린이는 모든 성인의 어린이이며 나이를 막론하고 모든 피그미는 밀림 속의 어린이다.

므비티가 집을 지을 때는 잎사귀 나뭇가지로서 둥글거나 계란형이며 가장 가깝다고 느끼는 가족들 옆에 짓는다. 두 채의 집은 사이가 좋지 않으면 한쪽이나 양쪽 집은 서로 입구를 옮겨 반대로 보게 한다. 그런데도 피그미는 큰 논쟁을 하지 않는다. 생존과 사냥에 상호 공존이 절대 필요하다. 공동사냥에서 남자들은 그물에 잡힌 동물을 죽이는 영광스러운 책임 외에도, 자신의 그물을 수선한다. 포획물은 사냥에 참여한 사람들에게 평등하게 나넌다. 피그미는 창과 화살로 사냥한 코끼리의 필사적인 투쟁 동안에 나무에 숨어 있다. 다치고 화난 코끼리를 존경하는 뜻이다.

므비티에게 가까운 사람의 죽음은 가장 슬픈 일이다. 마을 바누투는 죽음 원인을 알고 그것이 자연적인 일이 아니라 하지만, 므비티에게 죽음과 병, 불행은 우연이 아니고 나쁜 행위로 검은 힘이나 신의 노여움이다. 바누투는 원한, 복수, 불행에서 보호하는 신의 모습과 의식을 가졌지만, 므비티는 밀림 속에는 나쁜 일이 없다고 생각한다. 바누투처럼 신이나 조상의 조각품을 가진 종교가 발전하지 못해, 이것이 므비티를 원시인으로 간주하는 이유이다. 그 후 므비티는 자연에서 발견되는 밀림 신을 가졌다. 몰리모(Molimo)라 부르는 밀림 신은 자연 그 자체의 소리로 특별한 경우에만 들을 수 있는데 그때 여자와 아이들은 집 안에 숨어야 한다.

피그미의 문화 모습을 보여주는 몰리모 축제는 웅장함이 없다. 몰리모의 존경으로 불타는 모닥불에서 조용히 않아 밤을 보내는 것 외에는 아무 일도 일어나지 않는다. 모닥불 위에는 온종일 필요한 음식과 담배로 가득 채운 솥이 걸려 있다. 몰리모도 배가 고프고 많은 담배를 피울 것이다. 므비티는 이야기하고 노래하다가 몰리모의 소리에 멈춘다. 이 소리는 숲속과 동물 소리를 닮은 풍부하고 다양한 자연의 소리로, 장소에서 장소로 움직인다. 이 축제는 지도자들 사이에만 이루어진다.

학자 턴불이 몰리모의 존재를 알아내는 데 시간이 걸렸다. 몰리모의 페스티벌 개최 시 숨겨진 장소로 초대, 그는 자신의 큰 키가 비실용적임을 깨달았다. 나뭇가지는 그의 머리를 쳤으며 장애물을 헤치고 조그맣고 번개처럼 바쁜 므비티를 따라가기 어려웠다. 또 몰리모가 강가에 숨겨졌고 그것이 도로공사에서 훔친 금속 조각이었을 때 놀랐다. 그는 예식 비문에 아름다운 상징으로 가득 찬 대나무가 몰리모의 최고 재료로 믿었다. 그러나 피그미에 몰리모의 재료와 외형은 아무 의미가 없다. 4½m 높이의 몰리모는 예전에 사용했던 대나무 관보다 더 실용적인 금속 조각으로 부패하지 않고 소리는 더 훌륭했다.

바누투 인간 세계의 끝은 숲속 피그미의 시작이다. 피그미가 숲을 떠나 마을로 들어가 바누투의 하인으로 경멸당해도, 평화와 인간성을 지닌 피그미는 어리석지 않다. 서로 다른 풍습을 가진 바누투는 아들의 사춘기 의식에 피그미를 초대, 바누투 소년은 일생 연결될 한 피그미를 만난다. 피그미는 그에게 고기를 제공하고 바누투는 마을 상품, 파티, 장례와 그 외의 것을 마련해준다. 경제적으로 피그미가 더 유리하다. 고기에 관해 거짓말해도 그들을 따라 숲속으로 바누투가 추적하지 못함을 알기 때문이다. 바누투에게 숲은 야생동물과 나쁜 귀신으로 가득 찬 곳이다.

바누투 소년들은 사춘기 의식에서 행한 포경수술 후 성인이 됨을 보여주려 잠시 마을의 특별한 나무집에 있어야 한다. 피그미 부모가 자식을 위로하고 함께 자지만, 바누투 소년들은 농촌사회처럼 고생을 통해, 복종, 권위와 존경을 배우고, 피그미 소년은 사냥 어린이로 자유와 독립을 배운다.

므비티 숲에서 얼마 되지 않는 곳에 다른 종족이 살고 있음을 턴불은 그의 책에서 묘사했다. 수단의 경계인 우간다 산에 사는 이케족으로 므비티와 반대이다. 턴불이 이곳을 방문했을 때 여러 해의 가뭄이 그들의 법과 인간성을 전부 빼앗았다. 생존을 위해 부모들은 어린이들을 팽개쳤다. 충격받은 턴불은 인권이 오직 배가 부를 때만 필요함을 알았다. 살아남기 위해 인간은 경쟁이라고 생각하는 모든 것을 제거할 준비가 되어 있다. 가족, 사회, 사랑 그리고 희망까지도. 턴불은 세계 일부가 단결 대신 개인주의 중심에 있음을 염려했으나, 므비티의 초록 세계는 여전히 난쟁이의 천국이다.

인디언 샤이엔(Cheyenne)

인디언은 알래스카 이누이와 알러트족을 제외하고 미국 원주민들에 통하는 용어로, 콜럼버스가 아메리카 발견 시에 인도에 왔다고 믿은 점에서 생겼다. 고고학적 발견은 인디언이 빙하시대 이후 살아왔음을 보여, 불을 발명한 석기문화에서 중미, 안데스산맥의 복합도시문화까지 번창했으며 자연 관계와 농업기초에 다양하다. 중남미에 수백만이 살며 미국과 캐나다는 합쳐 약 200만이다. 그리고 인디언 영역은 1834년 일부 인디언이 그들이 살던 곳에서 떠나기를 강요, 오클라호마에 정착한 곳이다.

1978년 여름, 남녀 300명의 사이엔은 북쪽 고향을 향해 오클라호마에서 긴 행진을 시작, 미국 군대에 반란을 일으키고 비인간적 상태에서 떠났다. 1896년 리틀 빅 혼에서 쿠스터 대장을 무찌른 용감했던 사이엔은 일 년 후 최종적 패배로 여기서 도망하려는 노력은 군대의 잔학으로 인디언의 역사는 끝이 났다.

실제, 평원의 인디언은 사이엔, 다코타, 시우, 코만치로, 그들이 정복당하기 전 이미 100년의 평원문화를 가졌으나, 그들은 유럽의 확장에 정복당했다. 어떤 인종도 혼자서 그들의 정체성을 창조할 수 없고, 어떤 문화도 고립적으로 발전할 수 없다. 인디언 사회도 유럽인들이 이곳으로 건너오기 전 변화하고 있었다. 대양을 둘러싸고 육지가 필요한 프랑스와 영국인들은 모피 유렵가와 상인으로 인디언들에게서 모피를 샀으며 이런 유럽인들의 충족을 시켜준 가까운 지방의 인디언들은 더욱더 서쪽 지방이 필요했다.

이것은 이웃 인디언과 갈등 및 투쟁을 가져왔으며 서쪽을 향한 인디언은 다른 인디언을 밀어내는 긴 방황이 시작되었다. 대양을 끼고 서쪽 평원과 숲에서 농사와 사냥으로 살던 사이엔과 다코다 인디언은 평원이 필요했다. 17세기 스페인인들이 아메리카에 가져온 말로 사이엔은 말타기를 배웠지만, 1830년경 처음으로 유목민의 들소 사냥가로서 그들 문화를 발전, 오직 50년 후 끝이 났다. 인디언 평원문화는 유럽과 다른 사회의 확장 영향으로 발달한 유럽 식민지의 생산품이다. 그리고 아메리카에서 유래한 '인디언 여름'은 늙은이들에게 젊음의 번영을 뜻하여, 겨울 식량을 저장하고자 날씨가 좋은 가을날을 인디언들이 사용했기 때문이다.

인디언 마야 키체(Maya Quiché)

마야 인디언은 예언했다: "생의 기쁨은 오래가지 않는다. 보이지 않는 사람이 그 아기를 죽일 것이다." 이 예언은 1492년 콜럼버스의 신대륙 발견으로 성취되어, 아메리카 인디언은 콜럼버스를 환영 대신 그들을 죽음과 노예로 만든 사람으로 비난한다. 특히 마야 인디언은 1523년 스페인 침략 후 압제당해 왔다. 1,100만 인구 중 65%는 인디언, 31%는 혼혈, 4%는 백인이다. 마야는 현재 중미의 여러 곳에 살며 500년 압박 역사를 나눈다.

가장 고통당하는 과테말라는 정치 분란으로 일어난 백인의 인디언 차별이다. 국민이 선택한 민주주의에도, 군대 독재자와 두 대통령 아래 수많은 피를 흘렸다. 1982년 5만 명 여성들은 과부가 되었고 마을은 불타고 학살이 일어났다. 20만 명이 멕시코로 피난했으며 노벨 평화상 수상자 리고베르타 멘추도 그 속에 끼였다. 과테말라를 '과부의 나라'로 부름이 우연이 아니다. 마야는 어린이 죽음과 문맹률에, 실종, 도피, 고문과 학살 숫자를 간직했다면 세계에서 첫째였을 것이다.

실제 마야는 서기 300~900년 강대한 국가를 이룬 아메리카 대륙의 위대한 문화민족이다. 그들은 상형문자를 발전시켰고 광대한 상업활동을 했으며 뛰어난 천문학자에 건축가는 거대한 피라미드와 많은 탑을 세웠다. 그들의 과학지식은 고대 그리스인, 인상 깊은 도로공사는 고대 로마인, 피라미드는 고대 이집트인과 비교된다. 그러나 콜럼버스와 그의 후계자들은 이곳을 침략해서 금, 은, 향료, 커피, 카카오와 귀중품들을 유럽으로 가지고 갔다. 영토를 점령하고 마야를 노예로 만들고 병을 전염시켜 10년에 100만을 죽였다.

더하여, 과테말라의 심각한 문제는 불균등한 영토분배이다. 마야는 농토를 경작해왔으나, 새 토지제도로 스페인 후예와 외국인들은 경작하기 좋은 농토를 차지했다. 씨 뿌릴 땅마저 잃고, 대농장에서 최하의 임금으로 희생당한 마야의 압박은 500년 전 시작한 '백인 경제 우선'의 결과이다.

한 인류학자는 말했다: "유럽 식민지인 라틴아메리카와 아프리카 원주민에게 훔친 모든 금 가치를 따지면 세계은행의 모든 부채를 갚았을 것이다. 부강국이 약소국과 나누어 가짐이 유일한 빚 갚는 방법이다." 과테말라 경제는 학교, 건강, 사회보험을 인디언 문제보다 많이 앞세운다. 게릴라가 된 인디언은 31년 투쟁으로 여러 성과를 거두었고 정부 협상도 논의 중이다. 이 어려움 속에서 그들 문화를 보호해온 마야 인디언이야말로 세계의 다른 원주민보다 특출한 점이다.

폴리네시아 통가(Tonga)

폴리네시아 왕국 통가는 남태평양의 서쪽에 길게 놓여 있다. 10만 명 인구의 세계 최소국으로 자치 왕국의 긴 역사를 지닌다. 그리고 식민지가 된 적이 없는 태평양에서 유일한 국가이다. 고고학자는 토기 물품 유적에서 3,000년 전 이곳에 인류정착이 있음을 발견했다. 왕 타우파우우 투포 4세는 천 년 왕국의 계승자로 전 섬들을 모아 헌법 왕국(1862)을 만들었다. 1900년 영국연방국이 되었으며 1970년 통가국으로 독립되었다. 통가는 쿡 선장이 1773년 150개 섬을 발견, 원주민의 환영으로 '우호의 섬'이라 불렀다. 지난 150년 동안 감리교의 선교로 모든 통가인은 기독교인이 되었다. 19세기, 왕국은 서방세계와 접촉하여 전통종교, 교환경제, 추장제도 대신에 기독교, 현금경제, 그리고 영국 모델의 통치 형태로 변화했다.

통가는 전형적인 폴리네시아 문화양상과 통가적인 특성을 장례식에서 볼 수 있다. 죽음은 공동 손실이며 장례는 그 치료제이다. 죽음은 슬픔과 그리움을 동시에 일으키는 예식이라 통가인들은 장례를 무겁고 슬픈 일로 고려치 않는다. 장례는 지방사회의 합동을 강화하며 살아남은 친척들 사이는 더욱더 그렇다. 한 사람이 죽을 때 가까운 가족과 전 지역사회가 그들의 생동력을 잃는다. 슬픔의 차이는 다르지만, 이 손실은 모든 사람에게 속하고 일어난 손실에 참여함은 공동과제이다. 또 죽음 장례는 지역사회의 생명력을 재생시키는 일로 이 식을 통해 인간관계가 강조된다.

통가에서 중요한 지침은 지위가 높은 통치자의 관대와 그를 향한 국민의 존경이다. 친척 연대는 존경과 관대의 특별표시로, 이 연대의식은 일의 분배를 통한 훌륭한 장례식 거행에 책임을 나눔이다. 통가인은 일 년에 여러 장례식에 참석한다. 참석의 빈번함과 며칠 밤과 낮을 통해 활동적인 공동 노력은 죽음이 항상 있는 현실이며 공동 부담임을 가르쳐준다.

관대와 존경은 음식과 수놓은 수공예품의 교환에서 표현된다. 모든 참가자는 돼지, 생과일, 짠 마드라스나 껍질로 만든 카펫 같은 선물을 장례식에 가져온다. 예식 동안 모든 음식은 흙 오븐에 구워지며 이 작업은 장례식 리더가 마을 사람들에게 선물을 나누기 전이다. 나무껍질 카펫은 선물과 보호 역할을 한다. 큰 카펫은 최대의 선물로, 이것을 소유한 자는 굉장한 부유를, 그것을 준 자는 굉장한 관대함으로 대표된다. 카펫은 선물뿐 아니라 죽은 자의 옷이나 장식, 관에 사용된다. 죽은 자보다 낮은 지위의 친척에게 죽은 자의 시체는 금기(taboo)이므로, 카펫은 높은 지위의 권력과 고립, 즉 신성과 금기를 동시에 의미한다.

통가의 카바(Kava) 전설은 유명하다. 첫 사탕수수 카바 나무는 인간에서 태어났다. 한때 통가 왕은 그의 부하들과 사냥하러 나갔다. 갑자기 날씨가 나빠져 조그만 섬에 피난, 이 섬에는 오직 페방가와 페파파가 나병 환자인 딸 카바오나와 함께 살고 있었다. 부부는 왕이 왔을 때 아무것도 대접할 것이 없었다. 당황한 그들은 왕의 식사를 위해 그들의 딸을 잡아 오븐에 구웠다. 왕의 부하가 이것을 보고 왕에게 알렸다. 통가 왕은 이 희생에 깊이 감동하고 부부에게 말했다. "당신의 딸을 묻어 무덤을 잘 돌보아라." 그들은 왕이 말한 대로 했으며 얼마 후 무덤에서 2개의 식물이 자랐다. 무덤의 머리끝에 자란 식물은 회색으로 나병 어린이 피부처럼 껍질이 돋았다. 발끝에는 똑바르고 붉은 껍질의 식물이었다. 이 식물은 한 번도 통가에서 본 적이 없으며 부모들은 이것을 어디에 사용할지 몰랐다. 그때 무덤에 한 어린 생쥐가 와서 회색의 돋아난 식물을 물기 시작했다. 생쥐는 정신을 잃고 붉은 식물 쪽으로 비틀거렸다. 그는 붉은 쪽을 문 후 즉시 정신 차리고 무덤에서 사라졌다. 이 회색 식물에 부모는 딸의 이름을 주었다. 붉은 쪽의 달콤함은 통가인에게 강한 힘을 제공하는 사탕수숫대였다.

끝맺으며

사미 드럼은 최근 문화유산으로서 사미의 정체성을 재확인한다. 박물관 수집과 전시회들을 통해 어떻게 역사적으로 사미 사회의 정치와 사상 변화에 대응했으며, 원동력을 가지고 이 변화를 재강화시켰는가 하는 점이다. 박물관 소집 대상의 평가 가치로만 끝나지 않고, 사미 드럼은 사회 조직망의 변화를 이해시키며, 사미 사회 외부와의 갈등과 협정 과정을 연결한다. 물론 드럼의 재료성도 중요하나 유형 물질에만 한정치 않고 상상적인 재현의 다양성, 무형문화도 포함한다. 사미 드럼의 물리적인 이동은 서로 다른 장소에서 세계화한 원주민의 주위, 국가와 정체성에 관한 담화를 마련해준다.

2014년 우메오의 사미 주간을 위한 토마스 콜뱅트손의 작품

유럽문화수도(European Capital of Culture)는 일 년간 그 도시가 문화생활과 문화개발을 진열하는 기회를 주기 위해 유럽연합(European Union)에 의해 선정된 도시이다. 여러 유럽 도시는 이 문화도시를 그들의 문화 기본으로 완전히 변형시킴에 사용, 국제도시가 됨을 증명하였다. 2014년의 유럽문화수도는 스웨덴 우메오와 라트비아의 리가이다. 우메오는 스웨덴 북쪽에 있는 대학 마을로, 베스테르보텐주의 수도이며 스웨덴에서 12번째 큰 마을이다. 2013년 통계에 의하면, 약 11만 7,294명의 인구로 1965년 대학 설립 후 인구 성장을 보였다.

우메오의 문화 프로그램 중 특히 2월 26일에서 3월 12일까지 열리는 'Sami Week' 행사는 사미의 정체성을 재확인하기 위해 의미가 깊다. 모든 나이의 방문객들이 순록 시합, 전통 노래 요이크, 연극, 영화, 강의, 음식, 전시회와 사미 지역에서 온 수공예품에 접근할 기회를 가진다. 이 행사와 연관하여, 필자는 무형문화에 관한 2003년 유네스코(UNESCO) 협약을 언급할 필요성을 느낀다. 다섯 범주 중의 하나는 사회 관행, 의식과 축제로, 이를 뒷받침하는 기억은 한 민족의 무형 역사로서 이미 중세기 유럽에 지식보고로 처리되었다.

성 빅터 휴(c. 1096-1141)는 그의 역사 학습을 위한 『최고 세 가지 기억 보조물(The Three Best Memory-Aids for Learning History)』에 물질재산의 관점에서 기억 예술에 대한 자신의 담론을 구조시켰다. 그는 정보 소장의 필요성을 체계적으로 설명하고자 환전의 은유를 채택했고, 기억은 돈처럼 문화를 배포하기 위해 교환되어야 함을 피력했다.

나의 자식아, 지식은 한 보고이며 너의 마음은 금고이다. 네가 모든 지식을 공부하면서, 너는 지식의 밝음의 아름다움을 부패하지 않고 또 잃지 않는 훌륭한 보고, 불멸의 보고, 썩지 않는 보고를 너 자신을 위해 저장해야 한다. 지혜의 보고에는 여러 종류의 부, 그리고 너의 마음의 저장소에 여러 채우는 장소가 있다. 정돈된 배열은 지식의 선명도로… 지능을 밝히고 기억을 보완한다.[42]

유목 텐트, 순록 방목, 듀오지, 요이크, 샤먼 드럼과 제식, 로크 아트를 통한 사미 유형, 무형 문화유산의 재확인은 기억을 통해서 계속 흘러갈 것이며, 유럽문화수도 우메오는 이것에 박차를 가할 것이다.

---

41 My child, knowledge is a treasury and your heart is its strongbox. As you study all of knowledge, you store up for yourselves good treasures, immortal treasures, incorruptible treasures, which never decay nor lose the beauty of their brightness. In the treasure-house of wisdom are various sorts of wealth, and many filing-places in the store-house of your heart.. The orderly arrangement is clarity of knowledge…, illuminates the intelligence and secures memory.

참고문헌

Acerbi, Giuseppe (1804) *Voyage au Cap Nord par la Suède, la Finlande et la Laponie*, 4 vol. Paris: Levrault et Schoell.

Ahlbäck, Tore (ed.) (1987) *Saami Religion*, Åbo: Donner Institute for Research in Religion & Cultural History.

Ahlbäck, Tore & Jan Bergman (eds.) (1991) *The Saami Shaman Drum*, Åbo: Donner Institute.

Ahlström, Gunner (1971) *The History of Lapland*, Stockholm: Bokforlaget Rediviva.

Aution, Eero (1991) "The Snake and Zig-zag Motifs in Finnish Rock Paintings and Saami Drums", in Ahlbäck & Bergman, Åbo: Donner Institute.

Basilov, V. N (1986) "The Shaman Drum among the Peoples of Northern Europe and Siberia", Helsinki: the Finno-Ugric Society.

Boreale. "Sámi Handicraft", 10 March 1997, http://www.itv.se/boreale/duodjie2.htm.

Bradley, Richard (1991) "Monuments and Places", in Paul Garvoowd *et al* (eds.) Sacred and Profane, Oxford: Oxbow Books.

Bram, Christopher (2011) *Mythos of the Pagan North*, London: Continuum International Publishing Group.

Bäckman, Louise (1975) "Sajva: foreställingar om hjälp- och skyddsväsen i heliga fjäll bland Samerna", SSCR 13, Stockholm:

Almqvist & Wiksell International.

Bäckman, Louise & Åker Hultkrantz (1978) "Studies in Lapp Shamanism", SSCR 16, Stockholm: Almqvist & Wiksell International.

: (1985) "Saami Pre-Christian Religion", SSCR 2, Stockholm: Almqvist & Wiksell International.

Carruthers, Mary (2008) *The Book of Memory: A Study of Memory in Medieval Culture*, Cambridge: Cambridge University Press.

Clottes, Jean & J. David Lewis-Williams (1998) *The Shamans of Prehistory. Trance and Magic in the Painted Caves*, New York: Harry N. Abrams.

Collinder, B. (1949) *The Lapps*, New York.

Connerton, Paul (1989) *How Societies Remember*, Cambridge: Cambridge University Press.

Deacon, Terence (1997) *The Symbolic Species, The Co-Evolution of Language and the Human Brain*, London: Penguin.

Digby, G. Wingfield (1955) *Meaning and Symbol*, London: Faber & Faber Limited.

Eidlitz Kuoljok, Kerstin (1999) *Moder Vilda Renen i Myt och Rit*, Jokkmokk: Ajtte Förlag.

Eliade, Mircea (1903) *Myth, Religion and History*, Ced Nicolae Babuts. (2014) N Brenswick. Transaction Publishers.

: (1963) *Myth and Reality*, (trans.) W. R. Trask, New York: Harper & Row.

: (1972)[1951] *Shamanism: Archaic Techniques of Ecstasy*, (trans.) Willard R. Trask, Bollingen Series 76, Princeton University Press.

Ernits, Enn (1999-2000) "Folktales of Meandash, the Mythic Sami Reindeer, Part I and II", Folklore, Tartu: Institute of Estonian Language.

Fellman, Jacob (1906) *Avteckningar under min Vistelse i Lappmarken*, 4 vols. Helsinki: Finsk litteratursällskapets tyrckeri.

Firth, Raymond (1973) *Symbols Public and Private*, London: Allen and Unwin.

Fjellström, Phebe (1985) *Samernas Samhälle i Tradition och Nutid*, Värnamo: P. A. Norstdet & Söners Förlag.

Friis, Jens Andreas (1871) *Lappisk Mythologi, Eventyr og Folkesagn*. Kristiania: Cammermeyer.

Gaski, Harald (2003), *Biejjien baernie. Sami Son of the Sun*, Beaivvi bardni, Karasjokk: Davvi Girji.

Hagen, Runes. "The Shaman of Alta", University of Tromsø, 2 May 2004. http://www.ub.uit.no/fag/historie/shaman.html.

Hansen, I. Lars & B. Olsen (eds.) (2014) *Hunter in Transition: an Outline of Early Sami History*, Leiden & Boston: Brill.

Helskog, Knut (1988a) *Hellleristningene i Alta: Spor ette Ritualer og Daligliv i Finnmarks Forhistorie*, Alta: Alta Museum.

: (1988b) *Communicating with the World of Being - the World Heritage Rock Art Sites in Alta, Arctic* Norway, (trans.) Tim Challman, Oxford & Philadelphia: Oxbow Books.

Helskog, Knut & Björnar Olsen (eds.) (1995) *Perceiving Rock Art: Social and Political Perspectives*, Institute for sammenlignende kulturforskning, Oslo: Novvus forlag.

Hesjedal, Anders (1994) "Hunter's Rock Art in North Norway:

Problems of Chronology and Interpretation", Norwegian Archaeological Review 27 (I).

Historia Norwegiae (2003) (ed.) Inger Ekrem & Lars B. Mortensen, (trans.) Peter Fischer, Copenhagen: Museum Tusculanum Press.

Hofseth, Ellen Höigård (1997) *From the Ice Age to Nordic Christianity*, Museum of Cultural History, University of Oslo.

Holmberg, Uno (1922-3) *Der Baum des Lebens*, Suomalaisen Tiedeakatemian Toimituksia B:xvi no. 3. Helsinki.

Honko, Lauri, Senni Timonen & *et al.* (1993) *The Great Bear: A Thematic Anthology of Poetry in the Finno-Ugrian Languages*, Helsinki: Finnish Literature Society.

Hoppál, Mihály (ed.) (1984) *Shamanism in Eurasia*, Göttingen: Herodot.

: (2007) *Shamans and Traditions*, International Society for Shamanistic Research, Budapest: Akademiai.

Hultkrantz, Åke (1965) "Types of Religion in the Arctic Hunting Cultures", in Hunting and Fishing, (ed.) H. Hvarfner, Luleå: Norrbottens Museum.

: (1973b) "A Definition of Shamanism", Temenos 9. 25-37.

: (1991) "The Drum in Shamanism. Some Reflections", in Ahlbäck & Bergman.

Itkonen, T. Immanuel (1946) "Heidnische Religion und spätere Aberglaube bei den finnischen Lappen", Suomalais-Ugrilaisen Seuran toimituksia 87, Helsinki.

Jarving, Stein, "Sámi Shamanism", Eutopia Adventure. 16 June 2004, http://www.eutopia.no/Sámisjaman.htm.

Elisabthe, J. R. Pettersen & O. M. Rapp (2008) *The Sami-Culture and History*, Stamsund: Orkana Forlag AS.

Jordan, Peter (2001b) "Idology, Material Culture and Khanty Ritual Landscapes in Western Siberia", in K. J. Fewster & M. Zvelebil (eds.) Ethno-Archaeology and Hunter-Gathers, Oxford.

Kent, Neil (2014) *The Sami Peoples of the North*, London: Hurst & Company.

Kildal, Sigvard (1730, 1807) "Efterretning om Finners og Lappers Hedenske Religion", (ed.) Abrahamason, Det Skandinaviske Litteraturselskabs skrifter nr. 2, Copenhagen.

Kjellström, Rolf & Håkan Rydving (1988) *Den Samiska Trumman*, Stockholm: Nordiska Museet.

Kjellström, Rolf (1991) "Traditional Saami Hunting in Relation to Drum Motifs of Animals and Hunting", in Ahlbäck & Bergman, Åbo: Donner Institute.

Lee-N, Hee Sook (2012) "Sami Drum: A Spiritual Mediator for Shaman Rituals", in Ruta Bruzgine & *et al.* (eds.) The Phenomenon of Beauty in Culture, Vilnius: Lietuviu literaturos ir tautosakos institutes.

: (2014) "Artistic Expressions of the Visual Language on Sami Ritual Drums", in Elvira E. Djaltchinova-Malec (ed.) Art and Shamanhood, Budapest: Akademmiai Kiado.

Leem, Knud (1767) *Beskrivelse over Finnmarkens Lapper*, Copenhagen.

Lehtola, Veli Pekka (2002) *The Sámi People, Traditions in Transition*, Aanaar-Inari: Kustannus-Punsti.

Lewis-Willaims, J. David (1981) *Believing and Seeing. Symbolic Meanings in Southern San Rock Paintings*, London: Academic Press.

: (1998) "Quanto? the Issue of 'Many Meanings' in Southern African San Rock Art Research", The South African archaeological Bulletin 53 (168).

Liszka, James Jakób (1996) *A General Introduction to the Semiotic of Charles Sanders Peirce*, Bloomington: Indiana University Press.

Lundius, Nicolaus (1906) Descriptio Lapponiae, Svenska landsmålen ock svenskt folkliv 17:5, Uppsala.

Lundmark, Bo (1982) *Baeivi Manno Nastit*, Acta Bothniensla Occidentalis.

Manker, Ernst Mauritz (1938) *Die lappische Zaubertrommel 1*, Acta Lapponica 1. Stockholm.

: (1950) *Die lappische Zaubertrommel 2*, Acta Lapponica 6. Stockholm.

: (1963) *De Åtta Årstidernas Folk*, Göteborg.

: (1965) *Nådkonst, Trolltrummans Bildvärld*, LTS förlag.

: (1971) *Sammefolkets Konst*, Askild & Kärnekull.

Mantegazza, Paulo (1881) *Milano: G. Brigola*, Milano.

Mulk, Ingar-Maria (1985) "The Wild Reindeer Hunt and Associated Ceremonial Symbols", in H. E. Baudou. Archaeology and Environment 4, Umeå: Department of Archaeology. University of Umeå.

: (1994b) "Sacrificial Places and Their Meaning in Saami Society", in David Carmiochael *et al.* (eds.) Sacred Sites, Sacred Places, London: Routledge.

Mulk, Inga-Maria & Tim Bayliss-Smith (2006), *Rock Art and Sami Sacred Geography in Badjelannda, Laponia, Sweden,* Umeå: Kungl. Skytteanska Samfundet.

Napolskikh, Vladimir (1992) "Proto-Uralic world picture: a reconstruction", in M. Hoppal & Pentikäinen (eds.) Northern Religions and Shamanism (Ethnologica Uralica 3), 3-20, Budapest: Akademiai Kiado; Helsinki: Finnish Literature Society.

Olsen, Isaac (1910) "Relation om Lappernes vildfarelser og overtro", Samisk Religion (ed.) Det Kgl. Norske Videnskapers Selskabs skrifter nr. 4 . Trondheim: J. Qvigstad.

Pentikäinen, Juha (1984) "The Saami Shaman. Shamanism in Eurasia", (ed.) M. Hoppal, Göttingen.

: (1987) "The Shamanic Drum as Cognitive Map, the Historical and Semiotic Study of the Saami Drum in Rome", Stuida Fennica 32, Finnish Literature Society.

: (ed.) (1997) *Shamanism and Culture,* Helsinki: Etnika.

Pettersson, Olof (1957) *Jabmek and Jabmeaimo. A Comparative Study of the Dead and the Realm of the Dead in Lappish Religion,* Lund: Lunds Universitets Årsskrift.

Preucel, Rober & Bauer, Aleander (2001) "Archaeological Pragmatics", Norwegian Archaeological Review 34(2).

Rappaport, Roy A (1999) *Ritual and Religion Making of Humanity,* Cambridge: Cambridge University Press.

Randulf, Johan (1723) "Relation Anlangende Find-Lappernis, saavel i Nordlandene og Findmarken", (ed.) Qvigstad 1903

Reuterskiöld, Edgar H. C (ed.) (1910) "Källskrifter till Lapparnas mytologi", Nordisak Musset 10, Stockholm: Nordiscka Museet.

Rheen, Samuel (1671) "En kortt Relation om Lapparnes Lefwarne och Sedher, wijd-Skiepellser, ...", (ed.) Wiklund 1897, Svenskt folkliv 17:1, Uppsala.

Rogers, Spencer L. (1982) *The Shaman. His Symbols and His Healing Power*, Springfield: Charles C Thomas Publisher.

Rowlands, Michael (1993) "The Role of Memory in the Transmission of Culture", World Archaeology 25.

Rydving, Håkan (1991) "The Saami Drums and the Religious Encounter in the 17th and 18th Centuries", in Ahlbäck & Bergman, Åbo: Donner Institute.

Sami Iinstituhtta (1990) *The Sami People*, (ed.) Aage Solbakk, Karasjok: Davvi Girji O. S.

Schancke, Auhild *et al.* (eds.) (1994) *Sacred Sites*, Sacred Places. Oxon: Routlege.

Schanche, Audhild (1995) "Det Symbolske Landskapet-Landskap og Identitet i Samisk Kultur", Ottar 4, Tromsö Museum.

Schefferus, Johannes (1673/1956) *Lapponia* (ed.) E. Manker *et al.* Uppsala: Almqvist & Wiksell.

: (1704) *The History of Lapland*, London: Printed for Tho. Newborough.

Siikala, Anna-Leena & Mihaly Hoppál (1992) *Studies on Shamanism*, Helsinki: Finnish Anthropological Society; Budapest: Akademiai Kiado.

Siikala, Anna-Leena (2000) "What Myths Tell Us about Past Finno-Ugric Modes of Thinking", in Anu Nurk, *et al.* (eds.) Congressus

Nonus Internationalis Fenno-Ugristarum 7-13. 8. 2000 Tartu. Orationes Pleniariae & Orationes Publicae.

: (2002) *Mythic Images and Shamanism: A Perspective on Kalevala Poetry*, Helsinki: Academia Scientiarum Fennica.

Sommarström, Bo (1991) "The Saami Shaman's Drum and the Star Horizons", in T. Ahlbäck & J. Bergman (eds.) Åbo: Donner Institute.

Stolyar, Abram (2001) "Milestones of Spiritual Evolution in Prehistoric Karelia", Folklore 18-19, Tartu.

Tilley, Christopher Y. (2004) *The Materiality of Stone*, Oxford: Berg.

Tolley, Clive (2009) *Shamanism in Norse Myth and Magic*, I-II, Helsinki: Academia Scientiarum Fennica.

Utterius, Christopher (1673) Forteekningh på Lapparnas affmålade Figurer på Trumban, hwad huar och een betyder (ed.) Maker 1934.

Vajda, Laszlo (1959) "Zur phaseologischen Stellung des Schamanismus", Ural-altaisches Jahrbuch 31, 451-84.

Vinnicombe, Patricia & D. Mowaljarlai (1995) "That Rock is a Cloud: Concepts Associated with Rock Images in the Kimberley Region of Australia", in K. Helskog & B. Olsen (eds.) Perceiving Rock Art, Oslo: Institute of Comparative Research in Human Culture.

Westman, Ana (1997) "The Sun in Sami Mythology", Acta borealia 14(2).

Wiklund, K. Bernhard (1930) *Olof Rudbeck dä och Lapptrummorna*, Rudbeckstudier, Uppsala.

Image credit: 캡션에 주어진 출처 외 이미지는 Alta Museum,

Arctic Museum, imagebank.sweden.se(IS), Norwegian Folk Museum, Swedish Folk Museum, Visit Finland, Visit.norway.com(VN), Flicker, Pinterest, Wikipedia에서 가져옴. 대부분 드럼 이미지는 Manker(1938/50), 로크 아트는 Helskog(1988b)에서 발췌. 오른쪽(R) 왼쪽(L) 위(U) 중간(M) 아래(D). (p8-9) Alexandre Buisse (p15U) unknown (p15D) Nasjonalbiblioteket (p17) Jeltz (p18) nancy bundt VN (p19/p133) terje rake VN (p20-1) Argus fin (p22) Helena wahlman IS (p25U) hans-olof utsi IS (p25D) tomas utsi IS (p30) fredrik broman IS (p35 LU) author (p35 RU/LD) Jessica lindgren IS (p37L/p86U) Manker1950/63 (p37R) VN (p38) Zouavman le zouave (p39) johan wildhagen VN (p42) emma edwall (p44D) Ville Miettinen (p46-7) hakan vargas IS (p55/p204) Mulk&Bayliss-Smith2006 (p58) nordiska museum (p62) Fredrik broman IS (p76-7) oskar karlin (p86D) age holm NTNU.vitenskapsmuseet (p95) http://old.no/samidrum/ (p110U) bemard picart (p137) anders tedeholm IS (p149) asaf kliger IS (p152-3) rikard lagerberg IS (p186-7) steffan widstrand IS (p188) emelie asplund IS (p201D) rockartbridge.com (p220-1) anders ekholm IS (p203) johan assarsson (p209U) Uspen (p209D) Vberger (p223) Lola Akinmade Åkerström IS (p226U) ingemar edfalk IS